/essenohnekohlenhydrate

@essen_ohne_kohlenhydrate

lowcarbvideos.de

/essenohnekohlenhydrate

Über den Autor

*Der gebürtige Stuttgarter **Alexander Grimme (33)** entwickelte im Jahr 2015 seine eigenes Low-Carb Konzept & konnte so über 20 Kilogramm an Gewicht verlieren. Der Ernährungsexperte und Hobbykoch gründete **„Essen ohne Kohlenhydrate“**. Die Marke zählt heute mit über 1,3 Millionen Fans im Social Media zu einer der größten Low-Carb Communities im deutschsprachigen Raum. Seine 3 bisher veröffentlichten Kochbuch-Bestseller standen schon an der Amazon-Bestseller-Spitze.*

100%
VEGGIE

Auf einen Blick

Inhalt

#teameok

Zusammen zum Erfolg!

Was bringt es ***uns*** und was bringt es **DIR**, deine Erfolge mit den anderen Lesern dieses Buches zu teilen? Zunächst musst du wissen, dass dieses Buch und mein Konzept schon ein paar Vorgänger hat und inzwischen **über 100.000 Menschen** mit meinem Konzept erfolgreich und ohne Hunger ihr Wunschgewicht erreicht haben. In unseren Communities auf Instagram und Facebook veranstalten wir immer wieder coole Low-Carb Challenges (***#eokchallenge***) und motivieren uns gegenseitig. Außerdem werden alle Fragen & Probleme rund um die Ernährung durch mich, mein Expertenteam und alle anderen Menschen aus der Community schnell beantwortet.

Im Verlauf jeder Diät oder Ernährung gibt es **Tiefen**. Das ist völlig normal und auch nachvollziehbar. Aber gerade dann brauchst du nötige Motivation um schnell wieder in die Spur zu kommen und weiter den Weg zu deinem Ziel durchzuziehen! Die Challenges und unser Team helfen dir dabei. Werde am besten auch Teil unseres Teams und profitiere von allen Teilnehmern. **ZUSAMMEN** und **GEMEINSAM** motivieren wir uns in der EoK-Community.

Halte deine Entwicklung in Bildern fest!

Halte deinen Start auf jeden Fall in einem Bild vor dem Spiegel fest. Das Ziel ist deine Transformation, wie es bereits viele Tausend vor dir geschafft haben. Dieses Bild wird später deine beste Motivation und eine tolle Erinnerung an das was du geschafft und erreicht hast. Das ist so viel wert!

Hole dir jeden Tag neue Inspiration von allen Teilnehmern!

Im Team bekommst du regelmäßig noch mehr Ideen und Rezepte. Alles kleine Bausteine um weiter dran zu bleiben & **SPASS** an allem zu haben! Das ist sau wichtig!

Low-Carb Challeng

#teameok

So machst du im #teameok mit:

Poste deine gekochten Rezepte mit unseren Team-Hashtags auf Instagram:

#teameok

#eok

#essenohnekohlenhydrate

und markiere unseren Haupt-Instagram-Account

@essen_ohne_kohlenhydrate

zusätzlich kannst du deine Gerichte, Foodshots und alles Mögliche in unserer **Team-Premium-Gruppe** auf Facebook posten. Wie du in die Gruppe kommst erfährst du auf der nächsten Seite ▶

Teile deinen Weg zum Ziel mit den Team-Hashtags und erhalte einen Re-Post in der Insta-Story von Essen ohne Kohlenhydrate und markiere uns mit **@essen_ohne_kohlenhydrate** auf Instagram.

#teameok

Stories

Patrick (31)
Ich ernähre mich seit 3 Jahren nach EoK und habe es so endlich geschafft nach vielen Versuchen abzunehmen. Mit den leckeren Rezepten von Alex habe ich nie das Gefühl, dass ich gerade eine Diät mache. Und das ist einfach perfekt! Danke!!!

über 70 Kilogramm abgenommen

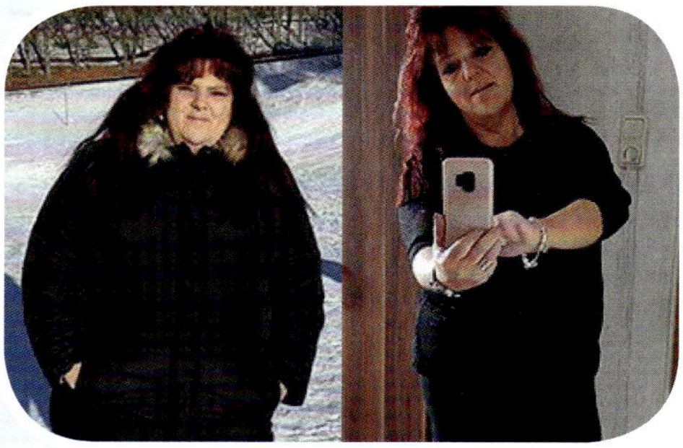

Gabi
Ich habe 50kg in 8 Monaten abgenommen. Dank der tollen Rezepte von Alex. Zb. Zoodle-Bolognese einfach lecker und schnell gemacht! Alle Rezepte sind leicht nach zu kochen das ist einfach klasse! Alle sind begeistert :)

50 Kilogramm abgenommen

Desiree
Das tolle Konzept von Alex hat mich nach wenigen Tagen überzeugt. Leckere und einfache Mahlzeiten mit normalen Zutaten. Hätte nicht gedacht, dass am man sich in einer Diät regelmäßig satt essen kann. Vielen Dank für die tollen Rezepte!

43 Kilogramm abgenommen

Sarah (31)
Die Rezepte von Alex sind super einfach umzusetzen, schmecken super lecker und man hat Spaß beim Kochen. Ich habe dank EoK 50kg abgenommen. EoK macht einfach Spaß, man nimmt mit Freude und Genuss ab, ohne ein schlechtes Gewissen zu haben.

50 Kilogramm abgenommen

Premium-Team-Gruppe

Die Team-Premium-Gruppe ist eine versteckte und geheime Gruppe auf Facebook. Sie kann nicht über die Facebook-Suche gefunden werden. Deswegen musst du eine Anfrage zur Aufnahme in die Gruppe stellen. In der Regel dauert es dann bis zu 24 Stunden bis du eine E-Mail von Facebook erhältst. In dieser E-Mail befindet sich der Link um in die Gruppe zu kommen.

Möglichkeit 1

Tippe den Link **https://www.essen-ohne-kohlenhydrate.info/premiumgruppe** in deinen Browser ein um zur Facebook-Gruppe zu gelangen.

Möglichkeit 2

Scanne den folgenden QR-Code mit einer passenden QR-App (neuere Modelle haben diese Funktion in der Kamera-App integriert) mit deinem Smartphone oder Tablet um zur Facebook-Gruppe zu gelangen.

Warum überhaupt gesunde Ernährung?

Die wichtigsten Infos

Bei gesunder Ernährung geht es nicht nur um Kohlenhydrate - so viel schon mal vorab. In dieser Einführung möchte ich dir meine **Ernährungsbasics** mit an die Hand geben, welche du unbedingt „draufhaben" solltest. Dabei geht es vor allem darum, aus was genau unsere Lebensmittel bestehen & was damit in unserem Körper passiert. Wenn du das verstanden hast, steht deinem Erfolg eigentlich nichts mehr im Weg.

Was bedeutet gesunde Ernährung eigentlich?

Laut Definition handelt es sich dabei um eine Form der Ernährung welche zur Erhaltung und/oder Verbesserung der allgemeinen Gesundheit beiträgt. Die wichtigsten Stichworte beim Thema „gesunde Ernährung" sind dabei: **Wasser**, **Makronährstoffe** (Makros), **Vitamine**, **Mineralstoffe** und **Kalorien**. Alle Stoffe werden ich euch kurz und knackig erklären. Wir müssen schließlich kein Ernährungswissenschaftler werden - diese Dinge solltest du aber wissen. Vor allem bei dem was du mit deinem Körper vorhast. Die Herausforderung ist es also diese Dinge unter einen Hut zu bringen. Schwer? Nein, überhaupt nicht. Das werde ich dir gleich zeigen.

Was der Körper braucht

Makronährstoffe (Makros): Die wichtigsten Makros unserer Lebensmittel sind **Kohlenhydrate**, **Eiweiß** (Proteine) und **Fett**. Dabei übernehmen die Kohlenhydrate die Rolle des Energielieferanten (das sollten wir auch für den späteren Low-Carb Ernährungsplan und die Regeln nicht vergessen). Vor allem das Gehirn benötigt eine tägliche Portion Kohlenhydrate. Das Eiweiß bringt die essentiellen Bausteine für alle Körperzellen (bis hin zur Haut) in unseren Körper und wird vor allem auch für die Regeneration und den Aufbau von Muskeln verwendet. Fette sorgen als Transport-Träger für Vitamine in unsere Zellen.

Auf die **Energiedichte** (also wie viele **Kalorien** die verschiedenen Makros enthalten) gehe ich später genauer auf ▸ **Seite 24** bei der Erklärung der Makros ein.

Vitamine: Vitamine lassen sich meistens in pflanzlichen Lebensmitteln finden. Sie sind wichtig für alle Bereiche im menschlichen Körper. Für die Augen, die Haut und unsere Organe. Die Menge an Vitaminen müssen wir aber nicht überwachen. Wenn wir uns an die passenden Lebensmittel halten nehmen wir automatisch die richtigen Vitamine auf. Die Ausnahme ist das Vitamin D, welches nicht über die Nahrung aufgenommen wird.

Auf Mineralstoffe, Spurenelemente und viele weitere Nährstoffe gehe ich in diesem Buch nicht weiter ein. Das ist für unseren Plan nicht weiter notwendig. Wenn du dich an die Tipps und Rezepte aus diesem Buch hältst, wirst du ausreichend mit allen Nährstoffen versorgt sein.

Mein Konzept: Essen ohne Kohlenhydrate

Ganz ohne Kohlenhydrate ist falsch

Zu Beginn und bevor es an die eigentlichen Regeln geht, ist es wichtig, dass du den Gedanken hinter meiner Low-Carb Ernährung genau verstehst. Viel zu viele Menschen stellen sich unter dem Begriff „Low-Carb" immer noch vor, auf Teufel komm raus möglichst bei jeder Gelegenheit auf Kohlenhydrate zu verzichten. Brot und Nudeln sind komplett verboten und sobald eine Banane angeschaut wird verabschiedet sich die Fettverbrennung für den Rest des Tages. Natürlich gibt es andere Konzepte und Ernährungsansätze (zum Beispiel die ketogene Ernährung), welche durchaus ihre Vorteile mit sich bringen. Mir persönlich hat das leider nicht getaugt. Ich habe verschiedene Varianten der Ernährung ausprobiert und meinen Weg gefunden. Und genau das ist auch deine Aufgabe. In diesem Buch stelle ich dir mein Konzept vor. Du musst einfach ausprobieren, ob das Ganze bei dir funktioniert. Ich kann dir aber versprechen, dass ich ein Konzept und Regeln erarbeitet habe, welche darauf ausgelegt sind **lecker und ohne Hunger** zum Ziel zu kommen.

Und dabei kann ich dir versichern: Auch in meinem Konzept kommen Kohlenhydrate vor. Wir werden uns in etwa bei ca. 100g pro Tag bewegen. Mal etwas mehr und mal etwas weniger.

Low-Carb und dann auch noch vegetarisch???

Gründe für Vegetarismus

Es gibt verschiedene Gründe warum man sich für die vegetarische Ernährungsweise entscheidet. Wegen dem Tierwohl, Rücksicht auf die Umwelt, dem eigenen Wohlbefinden oder auch einer nachhaltigen Lebensweise. Ethische, gesundheitliche, politische, ökologische oder religiöse Gründe. Low-Carb ist oft verpönt als eine sehr fleischlastige Ernährungsform - aber es geht selbstverständlich auch **vegetarisch**. In diesem Buch zeige ich dir wie das geht. Auch bei den vegetarischen Rezepten sind wie üblich die Kohlenhydrat-, Fett- und Eiweißmengen pro Portion angegeben. So behälst du einfach den Überblick.

Was für ein Vegetarier bin ich eigentlich?

Bezeichnung	Verzicht auf...	Verzehrt wird...
Ovo-Vegetarier	Fleisch, Fisch, Milch und Milchprodukte	Eier
Lakto-Vegetarier	Fleisch, Fisch, Eier	Milch
Ovo-Lakto-Vegetarier	Fleisch, Fisch	Milch, Eier
Ovo-Lakto-Pesco-Vegetarier (Pescetarier)*	Fleisch	Fisch, Eier, Milch
Veganer	alle vom Tier stammenden Nahrungsmittel	

** Pescetarier gehören eigentlich nicht direkt zu den Vegetariern, werden aber oft gleichgestezt.*

Vorteile der vegetarischen Lebensweise

- man lebt gesundheitsbewusster
- bessere Blutdruckwerte, geringeres Risiko für Herz-Kreislauf-Krankheiten
- weniger anfällig für „typische Volkskrankheiten": Diabetes, Bluthochdruck und Übergewicht
- Cholesterin-Spiegel wird auf natürliche Weise niedrig gehalten
- und natürlich auch das bessere Gewissen, das aus all den oben genannten Gründen entsteht

Muss ich auf etwas Besonderes achten?

- Nicht zu einseitig werden, Abwechslung ist das A und O.
- **Vitamin B12:** bestimmte Käsesorten, Eier und Milchprodukte
- **Eisen:** Hülsenfrüchte, Ölsamen sowie Nüssen und einige Obst & Gemüse-Sorten
- **Omega-3-Fettsäuren:** Leinsamen, Nüsse (v.a. Walnüsse), Rapsöl & andere gesunde Öle, Sojaprodukte, Chia Samen, Quinoa & Avocados. Unsere Rezepte mit Omega-3-Fettsäuren sind durch ein extra Icon gekennzeichnet.
- **Vitamin D:** wie auch bei Fleischessern wird Vitamin D hauptsächlich über die Haut aufgenommen und zwar durch Sonnenbestrahlung, deshalb jeden Tag für mind. 15 Minuten an die frische Luft.

Bei unseren Rezepten haben wir viel Wert daraufgelegt, dass wir vielseitig unterwegs sind, nicht immer das Gleiche auftischen und jeden Tag was Neues ausprobiert werden kann. Wenn du variierst zwischen Gemüse, Hülsenfrüchte, Soja, Nüssen, gesunden Fetten und Obst dann steht deiner gesunden vegetarischen Ernährung inklusive Low-Carb nichts im Wege.

Die Makronährstoffe

Kohlenhydrate

Kohlenhydrate sind **Zucker** und spielen eine der **wichtigsten Rolle** bei der Deckung unseres Energiebedarfes. An dieser Stelle sei auch nochmals gesagt, dass wir Kohlenhydrate benötigen. Der entscheidende Punkt ist aber die **Menge** und die **Qualität der Quelle**. Kohlenhydrate bestehen aus verschiedenen Zuckermolekülen. Auf manche davon haben wir es abgesehen - auf andere weniger.

1g Kohlenhydrate hat 4 Kalorien

Kohlenhydrate bzw. die Zuckerverbindungen werden in mehrere verschiedene Gruppen eingeteilt. **Einfach-**, **Zweifach-** und **Mehrfachzucker**. Dabei wird, einfach ausgedrückt, die Komplexität der Verbindungen beschrieben. Die einfachen Verbindungen werden vom Körper schneller „bearbeitet" und gelangen so schneller ins Blut als komplexere Strukturen. Für unseren Speiseplan sind vor allem die komplexen und langkettigen Mehrfachzucker interessant. Unter Einfach- und Zweifachzucker fallen Weißmehl, Haushaltszucker und jede Form von Süßigkeiten oder Softgetränken (wieder Haushaltszucker). Bei den **Mehrfachzuckern** interessieren uns also Produkte aus **Vollkorn** und **Dinkel**. Gleichzeitig kommen so viele Vitamine, Mineralstoffe, sekundäre Pflanzenstoffe und Ballaststoffe in unseren Speiseplan. Diese lassen den Blutzucker langsamer ansteigen und müssen vom Körper erst zerlegt werden. Nebeneffekt: Man ist länger satt.

Fett

Fette sind von allen Nährstoffen am energiereichsten. Ihr grundlegender Bestandteil sind **Fettsäuren**. Davon finden sich in tierischen und pflanzlichen Lebensmitteln verschiedene Formen. Darüber hinaus ist Fett einer der wichtigsten **Aroma-** und **Geschmacksträger** beim Kochen. Somit spielen Fette und Öle auch in unserem Speiseplan eine entscheidende Rolle und sollten nicht zu kurz kommen.

1g Fett hat 9 Kalorien

Bei den Fettsäuren sind **gesättigte**, **ungesättigte** und darin **einfach ungesättigte** und **mehrfach ungesättigte** Fettsäuren zu unterscheiden. Dabei kann man den Aufbau der verschiedenen Säuren in etwa mit dem Modell der Zuckerketten bei den Kohlenhydraten vergleichen. Die Bezeichnung der Sättigung hat dabei auf molekularer Ebene mit der Fähigkeit zu tun mehr oder weniger Wasserstoff-Atome zu binden. Das war es aber auch schon mit der Chemie.

Gesättigte Fettsäuren

Diese Fettsäuren werden von uns hauptsächlich über die Nahrung aufgenommen und stammen meistens von **tierischen Lebensmitteln** wie Fleisch und Wurst. Diese Fettsäuren sollten **moderat** konsumiert werden.

Einfach ungesättigte Fettsäuren

Fette aus **Olivenöl** oder **Rapsöl** gehören zu den einfach ungesättigten Fettsäuren. Man gewinnt sie also hauptsächlich aus **pflanzlichen** Rohstoffen. Der Konsum dieser Fettsäuren sollte über dem der gesättigten Fettsäuren liegen.

Mehrfach ungesättigte Fettsäuren

Hier kommt das nächste Modewort: **Omega-3-Fettsäuren**! Hier weiß jeder irgendwie sofort: Das ist gut! Das stimmt auch, denn die mehrfach ungesättigten Fettsäuren wie die Omega-3- oder auch die **Omega-6-Fettsäuren** sind essentielle Fettsäuren und können nicht selbst von unserem Körper produziert werden. **Wir müssen sie mit der Nahrung aufnehmen** und sie werden dringend benötigt. Vegetarier sollten besonders darauf achten, denn Fisch steht ja nicht auf dem Speiseplan. Hier kommen diese gesunden Fette vor: in Lein- oder Rapsöl, Avocados, Walnüssen, Mandeln oder Chia-Samen.

Eiweiß

Eiweiß (**Proteine**) sind der Grundbaustein aller Zellen. Sie sorgen für unsere Haut, die Organe. Aus Proteinen baut unserer Körper Hormone und Enzyme sowie Antikörper für unser Immunsystem. Die Bausteine der Eiweiße sind die sogenannten **Aminosäuren**. Auch hier gibt es wieder vom Körper benötigte essentielle Aminosäuren welche wir nicht selbst herstellen können.

1g Eiweiß hat 4 Kalorien

Bei einer Low-Carb Ernährung sollte daher auch auf eine ausreichende Menge an Eiweiß in der Nahrung geachtet werden. Der Körper bedient sich zwar im Defizit zuerst an Kohlenhydraten & Fetten aber auch an Proteinen aus dem Muskelgewebe.

Pflanzliche Eiweißquellen in der vegetarischen Ernährung

- Hülsenfrüchte
- Soja
- Linsen
- Bohnen
- Lupinen
- Getreide
- Nüsse
- Pinienkerne
- Kürbiskerne
- Samen
- Tofu

Natürlich sind hier nicht alle genannten Lebensmittel auch in größeren Mengen für Low-Carb geeignet - verboten sind sie aber auch nicht.

Nährwertangaben auf Lebensmitteln

Was steht denn da eigentlich?

Welches Lebensmittel sich für Low-Carb eignet und welches nicht ist im Prinzip genauso schwer zu beantworten wie die Frage danach wie viel Kalorien man essen darf. Ohne die Person genau zu kennen, kann man keine Antwort geben. Ohne die Gerichte und die Ernährung um ein Lebensmittel oder ein Rezept herum zu kennen, kann man das über ein bestimmtes Lebensmittel auch nicht sagen. So lange es in das Tagesziel und zu den Zielwerten passt ist (wie auch schon gesagt) eigentlich nichts komplett verboten. Auch keine Banane, Brot oder Nudeln.

Die Nährwerttabelle

Welche Angabe ist relevant? Für die Portionsberechnung immer die Rohmenge.

NÄHRWERTANGABEN	je 100g Mischung	je 100g gebacken
Brennwert (inkl. Energie aus Ballaststoffen)	811 kJ (211 kcal)	477 kJ (114 kcal)
Fett	4,4 g	4,7 g
- davon gesättigte Fettsäuren	2,5 g	2,2 g
- davon einfach ungesättigte Fettsäuren	0,5 g	1,4 g
- davon mehrfach ungesättigte Fettsäuren	1,3 g	0,7 g
Kohlenhydrate	11,5 g	4,6 g
- davon Zucker	3,6 g	2,7 g
- davon mehrwertige Alkohole	0,0 g	0,0 g
Ballaststoffe	20,1 g	4,9 g
Eiweiß	21,2 g	10,7 g
Salz (rechnerisch aus Natrium)	3,5 g	0,9 g

Je weniger der Kohlenhydrate auf Zucker fallen desto besser.

Die Kalorien darfst du natürlich auch nie vergessen!

Kennst du die restlichen Gerichte und Nährwerte von deinem Tag? Auf dieser Basis kannst du dann entscheiden, ob das aktuelle Lebensmittel für dich in diesem Moment Low-Carb geeignet ist oder nicht.

Zucker-Alkohol? Wie rechne ich das an?

Was ist das überhaupt?

Zucker-Alkohol? Zum trinken? Zucker-Alkohol hat nichts mit Alkohol zu tun. Das kann schon mal zur Verwirrung beitragen. Wenn man dann gehört hat, dass diese tollen Zucker-Alkohole auch noch viel besser als Kohlenhydrate sind und zum Teil fast kalorienfrei daherkommen, dann kann man sich beim ersten Blick auf die Nährwerttabelle nur an den Kopf fassen. 100g Kohlenhydrate pro 100g. Was denn jetzt?

Xylit, Sorbit und Erythrit ist bei Low-Carb...

...und als Alternative zu normalem Haushaltszucker auf jeden Fall zu empfehlen. Xylit ist sogar ironischerweise zahnpflegend! Trotzdem haben diese Zuckeralkohole (mit Ausnahmen) noch Kalorien. Zwar nicht so viel wie Haushaltszucker, aber trotzdem so viel, dass sie getrackt und beachtet werden sollten. Beim Backen ist es sinnvoll auf Zucker-Alkohole umzusteigen. Ansonsten sollten diese Stoffe genauso selten verwendet werden wie normaler Zucker. Für den Umstieg (zum Beispiel bei Getränken) eignen sich die Zucker-Alkohole auch sehr gut. Auf lange Sicht solltest du aber auch ohne diese Stoffe auskommen. Außerdem ist diese Art zu Süßen im Verhältnis zu normalem Zucker sehr teuer.

Bei den Zuckeralkoholen handelt es sich um eine **spezielle Form der Kohlenhydrate**. Diese sind aber spezieller aufgebaut und können vom Körper nicht voll verarbeitet werden - wirken sich aber immer deutlich geringer auf den Blutzucker aus. Bei Xylit sind das weniger als 50%, bei Erythrit sind fast 100% vom Körper nicht zu verwerten. Erythrit ist somit fast kalorienfrei (20 Kalorien/100 Gramm).

Aus diesem Grund findest du diese Angabe dann in den Nährwerten auch zusammengefasst unter „Kohlenhydrate“. Zum Anrechnen an deine persönliche Grenze von Kohlenhydraten reicht es aber aus, wenn du **die auf Zucker fallenden Kohlenhydrate verwendest**. Die Kalorien solltest du aber voll anrechnen. Im Beispiel von links wären das 3,6g Kohlenhydrate pro 100g der „Mischung“ - trotz der Angabe von 11,5g als „Kohlenhydrate“.

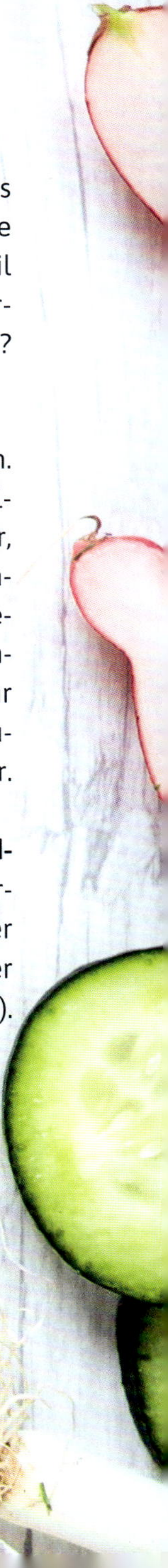

Vegetarische Lebensmittel-Basics

Was darf's denn sein?

Eine Einteilung in vier Gruppen ist die einfachste Anleitung bei einem Einkauf im Supermarkt:

Die Grundlage einer gesunden Ernährung sollten Obst, fast alle Arten von Gemüse in Verbindung mit gesunden Fetten bilden (**Stufe 1**). Diese Lebensmittel sind eigentlich immer erlaubt. Milchprodukte, Soja- und Tofu-Produkte, Eier, Fisch, Käse, Nüsse und Hülsenfrüchte sollten oft Bestandteil deines Speiseplanes sein (**Stufe 2**). Kohlenhydrate stehen auf **Stufe 3**, was bedeutet, dass dieses Lebensmittel nicht so oft auf deinem Teller liegen sollten. Hier sollten bei Nudeln und Brot Vollkornprodukte auf dem Speiseplan stehen, sowie Reis und Kartoffeln.

Stufe 1

Auf der letzten Stufe (Spitze) stehen Lebensmittel wie verarbeitetes Getreide (Weißmehl), Honig, Zucker und Süßigkeiten, Chips und Fast Food. Sie sollten selten bis möglichst gar nicht verzehrt werden. Wenn du diese Produkte nicht zuhause lagerst kannst du sie auch nicht verwenden!

Was kommt stattdessen in den Einkaufswagen?

Beim Einkaufen solltest du dafür diese rechtsstehenden Lebensmittel immer zur Hand haben:

Gewürze & Pflanzen

Salz, Pfeffer
Cayenne-Pfeffer
Curry
Kurkuma
Muskat
Chili (frisch oder getrocknet)
Pizzagewürz
Oregano
Thymian (frisch oder gemahlen)
Basilikum (frisch oder getrocknet)
Schnittlauch (frisch oder getrocknet)
Petersilie (frisch oder getrocknet)
Rosmarin (frisch oder gemahlen)
Koriander (frisch oder gemahlen)

Sonstige Basics

Senf
Mehl / Dinkelmehl
Flohsamen(schalen)
Mandeln/Mandelmehl
Chia-Samen
Leinsamen
Sesam
Butter
Milch
Zitronensaft / Zitronen
Tomatenmark
Gemüsebrühe
Joghurt
Quark / Magerquark
Zuckerersatz (Xylit, Erythrit, Stevia etc.)

Öle & Co.

Olivenöl
Rapsöl
Raffinierte Öle (Butterschmalz, Kokosöl)
Essig / Balsamico-Essig

Warum werden die Kohlenhydrate reduziert?

Die Background-Infos & Vorteile

Die neuste Studie: „Low-Carb ist ungesund“ oder „Low-Carb ist nicht so gesund wie gedacht“ ... ich frage mich dabei immer wer denn überhaupt eine Definition von Low-Carb festgelegt hat? Der durchschnittliche Deutsche isst heutzutage so viele Kohlenhydrate, dass bereits jede Form einer Reduzierung als „Low-Carb“ bezeichnet werden kann. Der Grund, weshalb sich eine Reduzierung nur positiv auf dich auswirken wird, liegt bereits in der Evolution des Menschen. Kurz gesagt: früher hatten die Menschen keine Supermärkte, Bäckereien, Restaurants oder sogar Lieferdienste zur Verfügung. Das Essen musste man sich selbst beschaffen. Sammeln und jagen - so sah das Leben eines Menschen aus. Aus der Entstehungsgeschichte des Menschen hat sich der Körper so zu einer hoch effizienten Maschine entwickelt. Wir versuchen einfach nur unsere Ernährung wieder daran anzupassen. Paleo meine ich damit nicht - wir geben dem Körper einfach wieder ein bisschen von dem was er eigentlich erwartet.

1 Sättigung durch Alternativen mit hohem Volumen. Der Heißhunger wird weniger.

Den Hunger und auch den Heißhunger langfristig in den Griff zu bekommen ist das Ziel. Indem wir unserem Speiseplan Lebensmittel mit hohem Volumen aber geringer Energiedichte zuführen, können wir unser Hungergefühl langfristig positiv beeinflussen. Low-Carb bedeutet gleichzeitig, dass sich mehr Eiweiß und mehr Fett auf dem Speiseplan befindet (wenn man von der gleichen Energiemenge ausgeht). Diese beiden Makros werden langsamer verstoffwechselt und sorgen so für mehr Sättigung und weniger Insulin im Blut (Thema Blutzuckerspiegel behandle ich in diesem Buch nicht extra). Die Auswirkungen davon sind deutlich weniger Verlangen nach Süßem und ein viel besseres und fitteres Körpergefühl. Die Auswirkungen davon wirst du schon nach mehreren Tagen spüren.

2 Verbesserung deiner Leistungsfähigkeit und deines allgemeinen Wohlbefindens.

Die Reduzierung von Kohlenhydraten in den täglichen Mahlzeiten hat einen positiven Einfluss auf den Blutdruck und entlastet dein Herz und schützt vor kardiovaskulären Erkrankungen[1]. Zusätzlich wird das Herzinfarktrisiko reduziert. Das haben Studien bereits nachgewiesen. Du wirst schon nach mehreren Tagen und Wochen bemerken, dass du dich besser auf deine Arbeit und anstrengende Dinge konzentrieren kannst. Du fühlst dich besser und motivierter - was wiederum förderlich ist, dich auch weiter so zu ernähren.

3 Gewicht und Körperfett verlieren dank einer Ernährung mit wenig Kohlenhydraten.

Vorausgesetzt man ernährt sich in einem Kaloriendefizit (dazu später mehr auf ▸ **Seite 26**) sorgt die Low-Carb Ernährung zusätzlich dazu, dass verstärkt Körperfett als Energielieferant verbrannt wird. Kohlenhydrate als die schnellen Energielieferanten für den Körper werden (sofern verfügbar) immer als Energiequelle vorgezogen. Sind diese aber nur in geringer Menge vorhanden, so greift der Körper auf die angelegten Energiedepots (Körperfett) zurück.

Die reduzierten Kohlenhydrate sind also unser zusätzlicher Booster bei der Fettverbrennung. Je nach Ausgangssituation sind damit auch sehr schnelle Erfolge zu erzielen. Mehrere Kilos pro Monat sind dabei durchaus realistisch. Dennoch möchte ich darauf hinweisen, dass das Ziel nicht sein sollte möglichst schnell abzunehmen. Vergleiche dich nicht mit anderen Menschen! Jeder Mensch und jeder Körper ist verschieden und ein Gewichtsverlust sollte in einem gesunden Rahmen passieren. Dein Körper wird es dir danken.

[1] *Low-carb trumps low-fat for weight loss, heart health* - Tulane University, New Orleans

Kalorien - und die Energiedichte der Makros

Energie!

Ich muss mich nur Low-Carb ernähren um abzunehmen? **Nein!** Auch mit wenig Kohlenhydraten kann man Gewicht zulegen. **Die wichtigste Regel in jeder Diät**:

> **!** Zum Abnehmen ist ein Kaloriendefizit die Grundvoraussetzung.

Alle Informationen zum Berechnen deines Kaloriendefizites bekommst du später auf ▸ Seite 26 und ab ▸ Seite 32. Zunächst einmal ist wichtig, dass du verstehst, dass jeder der **Makronährstoffe** (ich wiederhole nochmals: **Kohlenhydrate**, **Eiweiß** und **Fett**) eine eigene Energiemenge aufweist. Wenn man diese Energie unter den Makros vergleicht spricht man auch von einer **Energiedichte**:

Die Energiedichte der Makros

Die Energiedichte beschreibt wie viel Energie (= Kalorien) jeder der Makros bei gleicher Menge aufweist. Um sich das am besten zu merken gibt es die **9-4-4 Regel**. Die Zahlen stehen dabei für Kalorien und bei der Menge geht es jeweils um 1 Gramm. Ganz einfach zu merken: die Zahl 9 steht dabei für das Fett. Die 4 steht gleichzeitig für Kohlenhydrate und auch für Eiweiß.

1g Fett = **9** Kalorien
1g Kohlenhydrate = **4** Kalorien
1g Eiweiß = **4** Kalorien

Mit dieser einfachen **9-4-4 Regel** und der Erfahrung welche du mit Lebensmitteln bekommen wirst, kannst du später zum Beispiel auch im Restaurant oder bei „auswärts essen" die Kalorienmenge abschätzen. Tipps für das Tracken von Kalorien, wenn du auswärts isst und nicht selbst kochst findest du auf ▸ Seite 48.

Nährwerte Tofu pro 100g

8g Fett
1,6g Kohlenhydrate
14g Eiweiß

Mit der **9-4-4 Regel** berechnet:

8g Fett • 9 Kalorien =	*72 Kalorien*
1,6g Kohlenhydrate • 4 Kalorien =	*6,4 Kalorien*
14g Eiweiß • 4 Kalorien =	*56 Kalorien*
Summe	**134,4 Kalorien**

Diese Rechnung ist natürlich nicht zu 100% genau. Aber das muss sie auch nicht sein. Den exakten Kalorienbedarf eines Menschen kann man sowieso nicht feststellen. Außerdem ist dieser Wert jeden Tag verschieden. Die Berechnung ist trotzdem sehr genau und kann so bei jedem Lebensmittel verwendet werden. Als nächstes geht es an das bekannte **Kaloriendefizit**.

Das Kaloriendefizit

Kalorien sind nicht böse!

Die Kalorien haben leider nicht den besten Ruf. Dabei ist das völlig unverständlich. Kalorien stecken in jedem Lebensmittel (außer Wasser) und sind genauso wie Kohlenhydrate essentiell für die meisten Körperprozesse und deine Leistungsfähigkeit! **Wichtig: die richtige Menge und die passende Qualität der Kalorienquelle.**

Genügend Energie trotz Diät!

Abnehmen passiert primär durch ein Kaloriendefizit. Dieses Defizit sollte aber in einem passenden Rahmen liegen - sonst fehlt deinem Körper am Ende die Energie. Die Energie für was? Für alles was du machst! Durch die Einschränkung bzw. der gezielten reduzierten Energiezufuhr in deinen Körper willst du diesen dazu zwingen sich die Energie aus den eingelagerten Fettdepots zu holen. Auch dieses Fett muss vom Körper zuerst „bearbeitet" und in Zucker umgewandelt werden. Wenn du deinem Körper also zu viel Energie nimmst, wirst du schnell bemerken, dass das ganz und gar nicht der Weg zum Ziel ist. Du wirst träge, müde und langsam. Dein Körper und du sollen ja auch in einer Diät leistungsfähig bleiben.

Deswegen werden wir für dein Defizit und in meinem Konzept ein Defizit im Bereich von 15 bis maximal 30% festlegen. Prozent von was? Wovon wir einen entsprechenden Prozentsatz abziehen erkläre ich dir bei der Berechnung deines Zieles auf ▸ **Seite 36**. Ich möchte dir hier aber noch ein paar Infos zum Defizit geben.

Ich persönlich halte diesen Punkt für sehr wichtig und möchte deswegen von Konzepten, welche pauschal eine Vorgabe zu einer bestimmten Portionsgröße (oder dem Gewicht einer Mahlzeit) oder einem festgesetzten Abzug von zum Beispiel 1000 Kalorien machen, abraten. Jeder Mensch und jeder Körper bringt andere Voraussetzungen und andere Eigenschaften mit sich - in diesem Bereich kann man einfach nichts verallgemeinern.

Kalorien zählen?

Kurz und knackig: **Nein**. Es werden keine Kalorien gezählt. Das macht erstens mein Konzept und meine Rezepte bereits für dich und zweitens ist es (eigentlich) auch nicht notwendig. Für die Erfahrung empfehle ich es aber jedem trotzdem mal für eine Woche wirklich jede Kleinigkeit zu zählen. Dazu gibt es inzwischen sehr hilfreiche Apps mit großen Lebensmitteldatenbanken. Ich habe das früher noch in Form einer Excel-Tabelle gemacht. Mit dieser Erfahrung lernt man die verschiedenen Lebensmittel einfach nochmals viel besser kennen. Das bringt einen in Zukunft und bei der weiteren Ernährungsumstellung noch weiter. Man lernt einfach unglaublich viel über Lebensmittel. Das kann ich also durchaus empfehlen.

Hilf deinem Körper mit Bewegung

Bewegung und Sport solltest du ebenfalls in deinen Alltag einplanen. Natürlich geht das Ganze auch ohne Cardio und dem Gang ins Fitnessstudio - aber Bewegung hat mehr als nur positive Auswirkungen auf deine Fitness. Gleichzeitig steigt dein Leistungsumsatz. Dein Leistungsumsatz ist die Menge an Energie welche du während einem Tag durch deine Aktivitäten (Laufen, Arbeiten, Bewegung, Sport etc.) verbrauchst. Dieser Wert ist mit Sicherheit jeden Tag verschieden. Aber jede Kalorie welche du zusätzlich verbrennst vergrößert zum einen dein mögliches Kaloriendefizit bzw. gibt dir die Möglichkeit mehr zu essen. Wenn du schon nicht ins Fitness oder Joggen gehen willst, dann geh Spazieren, gehe regelmäßig an die frische Luft und nimm die Treppe statt dem Aufzug.

Tipps & Anregungen für deine Ernährung

Mit den folgenden **Tipps & Anregungen** möchte ich dir zusätzlich zu den folgenden Regeln und der Anleitung zu diesem Buch ein paar Tipps mit an die Hand geben. Wenn du dich während deiner Umstellung oder auch danach an diese Tipps hältst, hast du schon sehr viel gewonnen. Los geht's mit den Klassikern:

1 Iss ausreichend Obst und Gemüse

Gemüse sowie **Obst** sollte (so gut es geht) **jeden Tag** zu deinem Speiseplan gehören. Vor allem Gemüse mit seinem **hohen Volumen** und dem hohen Anteil an Ballaststoffen solltest du in jede Mahlzeit einbauen. An der geringen Energiedichte, dem hohen Wasseranteil und den gesunden Vitaminen kannst du dich satt essen.

Obst enthält Fruchtzucker - das ist richtig. Trotzdem sind die weiteren Inhaltsstoffe wie Mineralstoffe und Vitamine aus frischem Obst viel mehr wert als ein paar Kohlenhydrate. Mach dir wegen Obst keine Gedanken. Eine Portion Obst pro Tag ist völlig in Ordnung. Außerdem ist es auch egal wann du diese Portion isst.

2 Qualität statt Quantität

Setzte auf **frische**, **hochwertige**, **saisonale** und (wenn möglich) **lokale** Lebensmittel. Wenn es dir möglich ist entscheide dich lieber für ein teureres Stück Geflügel vom Metzger als vom Discounter. Sowohl dein Körper als auch dein Gaumen werden es dir danken. Ich weiß, dass das leider nicht immer möglich ist, aber denke einfach beim nächsten Einkauf mal daran.

3 Unverarbeitete Produkte!

Wir kochen selbst und verwenden **frische** und **unverarbeitete** Lebensmittel für unsere Rezepte. Gegen passierte Tomaten aus dem TetraPak ist nichts einzuwenden - aber selbst hier schmeckt eine selbst gemachte Tomatensoße mit ein bis zwei frischen Fleischtomaten deutlich besser. Auch beim Gemüse wird frisch eingekauft. Schneiden, kochen und braten machen wir selbst.

4 Plastik

Wer mich kennt, weiß dass ich in jedem meiner Bücher darauf hinweise: Versuche Plastikmüll so gut es geht zu vermeiden. Bringe deine **eigene Einkaufstasche** mit oder verwende die recycelbaren Papiertüten. Bei den Produkten und Lebensmitteln geht es weiter: Kaufe lieber die einzelne Paprika statt dem 3er-Pack in der Plastikverpackung. Im besten Fall bedeutet das, dass zusätzlich auch weniger Lebensmittel weggeworfen werden. Ich weiß auch, dass es nicht in jedem Laden möglich ist so einzukaufen. Aber auch hier zählt es! Ich danke dir.

5 Gönn dir!

Kein Lebensmittel ist grundsätzlich verboten und wenn du mal nicht mehr kannst und es eine Pizza sein soll, dann triff die Entscheidung und steh dazu: Gönn dir, wenn du es brauchst! **DU LEBST NUR EINMAL**. Was du machst und isst entscheidest du. Wegen einer Pizza bricht nicht deine Diät auseinander.

6 Wasser & Alkohol

Unterscheide zwischen **Genussmittel** und **Lebensmittel**. Trinke mindestens 2 bis 3 Liter Wasser pro Tag und vermeide deine Kalorien in flüssiger Form zu dir zu nehmen. Auch mit dem Thema Alkohol solltest du sparsam umgehen. Dein Körper, dein Stoffwechsel und jede einzelne Zelle benötigt Wasser. Optimiere deine Stoffwechsel / Fettverbrennung durch ausreichend Treibstoff für deine Zellen.

7 Kochen & Genießen

Entspanne dich beim Kochen und **nimm dir die Zeit** danach ausschließlich zum Essen. Ohne Smartphone und ohne Netflix. Am Esstisch und nicht auf der Couch.Versuche vor allem auch regelmäßig in Gesellschaft zu Kochen (mit dem Partner und/oder mit Freunden) und auch zu essen. Du wirst sehen wie sich diese „Ruhe“ auf deine Sättigung auswirkt, wenn du keine „Ablenkungen“ während dem Essen hast.

8 Nimm dir Zeit (für dich)

Du hast Geld in dieses Buch und mein Konzept investiert. **Investiere jetzt deine Zeit in deinen Körper.** Zeit ist etwas was ich dir nicht liefern kann. Jeder Mensch hat andere Prioritäten und einen anderen Alltag. Zeit musst du dir aber nehmen um dieses Ziel zu erreichen. Du musst planen, einkaufen, (vor-)kochen und in Ruhe essen. Viele haben Kinder, sind Alleinerziehend oder haben erschwerte Bedingungen durch Schichtdienst und so weiter. Ich sage dir aber, dass wenn du dir wirklich diese Zeit für dich und deinen Körper nehmen willst, dass es dann auch möglich ist. Nur so wirst du langfristig deinen Weg finden.

Deine Berechnung

Jetzt wird es ernst

Bevor du dich durch meine leckeren und einfachen Low-Carb Rezepte wühlen darfst, müssen wir zusammen ein paar **Werte von dir berechnen**. Den Rest machen dann dieses Buch und mein Konzept für dich. Alles was du dazu brauchst ist ein Taschenrechner (zum Beispiel auf deinem Smartphone).

Schritt 1: Grundumsatz berechnen

Um diese Werte zu berechnen benötigst du **ein Blatt Papier** und **einen Stift** sowie deinen **Taschenrechner**. Im Folgenden findest du die Formel um deinen Grundumsatz zu berechnen. Alternativ kannst du diese Werte auch mit meinem Kalorienrechner auf meiner Website **www.essen-ohne-kohlenhydrate.info** berechnen. Jetzt kommt noch etwas Mathe-Auffrischung: Bitte denke an die Punkt-vor-Strich-Regel beim Berechnen der Formel (Werte in den Klammern werden zuerst berechnet):

Für Männer

66,5 + (13,8 · Gewicht in kg) + (5 · Größe in cm) – (6,8 · Alter in Jahren)

Für Frauen

655 + (9,6 · Gewicht in kg) + (1,8 · Größe in cm) – (4,7 · Alter in Jahren)

Bitte wundere dich nicht über die verschiedenen Formeln für Männer und Frauen. Die Werte sind so richtig und liefern seit Jahrzehnten eine sehr genaue Berechnung des Grundumsatzes. Falls du mehr über diese Formel herausfinden willst: Die Formel heißt **Harris-Benedict-Formel** und wurde bereits im Jahr 1918 erfunden.

Parallel dazu zeige ich dir hier ein Rechenbeispiel für unsere Beispielperson **Anne**. Anne ist **27** Jahre alt, wiegt **76** Kilogramm und ist **169** Zentimeter groß. Zunächst setzten wir Anne's Werte an die passenden Stellen in die Formel ein:

Für Anne (weiblich)

655 + (9,6 · 76 kg) + (1,8 · 169 cm) – (4,7 · 27 Jahre)

Anschließend werden nach der Punkt-vor-Strich-Regel die Werte in den Klammern zuerst ausgerechnet. Das machst du am besten mit dem Taschenrechner.

Werte in den Klammern berechnet

655 + 729,6 + 304,2 – 126,9 = Grundumsatz

Jetzt kannst du das Ergebnis ganz einfach zusammenrechnen. Das Ergebnis (der Gesamtumsatz in Kalorien) für unsere Testperson Anne sieht wie folgt aus:

Ergebnis für den Grundumsatz von Anne

655 + 729,6 + 304,2 – 126,9 = 1561,9 Kalorien

Weiter geht es auf der nächsten Seite ▸

Ergebnis für den Grundumsatz von Anne

Grundumsatz = 1561,9 Kalorien

Der Grundumsatz beschreibt die Menge an Energie (Kalorien) welche Anne's Körper benötigt um die lebenserhaltenden Grundfunktionen aufrecht zu erhalten. Zur Erklärung: Wenn Anne den ganzen Tag für 24 Stunden im Bett liegt und schläft verbraucht Sie dabei ca. 1562 Kalorien (gerundet).

Schritt 2: Leistungs- & Gesamtumsatz berechnen

Anne liegt aber nicht den ganzen Tag im Bett, sondern steht um 7 Uhr auf und geht dann zur Arbeit. Nach der Arbeit (Bürojob) geht sie zum Auspowern eine Stunde Joggen (das macht sie 2-3 Mal pro Woche). Die gesamte Energie welche ihr Körper für diese Dinge benötigt ist der **Leistungsumsatz**. Dieser Leistungsumsatz muss also zu dem errechneten Grundumsatz dazugerechnet werden. Das Ganze berechnen wir mit einem Faktor. Wähle aus der folgenden Liste den Faktor aus welcher dich und deinen Alltag am besten beschreibt:

Faktor 1,2	Job: sitzend / kein Sport
Faktor 1,3	Job: sitzend / Sport: 1-2x pro Woche
Faktor 1,4	Job: sitzend & stehend / Sport: 1-2x pro Woche
Faktor 1,5	Job: sitzend & stehend / Sport: 2-3x pro Woche
Faktor 1,6	Job: gehend & stehend / Sport: 1-3x pro Woche
Faktor 1,8	Job: gehend & stehend / Sport: 2-3x pro Woche
Faktor 2,0	Job: sehr anstrengend / kein Sport
Faktor 2,2	Job: sehr anstrengend / mit Sport

Der **Gesamtumsatz** setzt sich also wie folgt zusammen:

Grundumsatz + Leistungsumsatz

Falls du Fragen bei der richtigen Auswahl des Faktors hast, melde dich doch mal per E-Mail, über Instagram (**@essen_ohne_kohlenhydrate** / **@eokalex**) oder per Telefon bei mir.

Wenn du den passenden Faktor ausgewählt hast, wird der berechnete Grundumsatz mit diesem Faktor multipliziert. Weil Anne im Job auch ab und zu unterwegs ist wählen wir für Sie den Faktor 1,5 aus. Das Beispiel folgt:

Für Anne mit Faktor 1,5

1561,9 Kalorien (Grundumsatz) · 1,5 = 2342,85 Kalorien

Jetzt sind wir auch schon fast fertig. Mit dem passenden Faktor haben wir jetzt den Gesamtumsatz für Anne berechnet. Dieser beträgt (siehe oben) 2342,85 Kalorien. Das Ergebnis runden wir an dieser Stelle auf den nächsten 10er-Wert auf oder ab. In diesem Fall runden wir auf das Ergebnis auf **2340 Kalorien** ab.

Ergebnis für den Gesamtumsatz von Anne

Gesamtumsatz = 2340 Kalorien

Der Gesamtumsatz beschreibt die Menge an Energie (Kalorien) welche Anne‘s Körper benötigt um die lebenserhaltenden Grundfunktionen (Grundumsatz) und ihren Alltag mit Job, Bewegung und Sport zu stemmen ohne zu- oder abzunehmen. Natürlich ist dieser Wert nur näherungsweise geschätzt und liegt sicherlich jeden Tag verschieden. In meinem Konzept und dem EoK-System macht eine Abweichung hier aber nichts aus.

Hast du eine Smartwatch oder Pulsuhr?

Falls du eine Smartwatch mit Health-Daten oder eine Pulsuhr hast und für den Leistungsumsatz genauere Werte verwenden kannst, dann solltest du in Schritt 2 die Werte deiner Uhr verwenden. Vermutlich wird deine Uhr dir einen Kalorienwert angeben. Diesen kannst du dann einfach zum Grundumsatz dazu addieren. Diese Variante ist etwas genauer.

Jetzt sind wir mit dem Rechnen auch schon fast fertig. Wir müssen dem berechneten Gesamtumsatz nun nur noch etwas abziehen und schon haben wir **das aktuelle Kalorienziel** berechnet. War doch gar nicht so schwer oder?

Schritt 3: Kaloriendefizit berechnen

Defizit von 15% *Faktor 0,85*	kleines Defizit, einfach in der Durchführung, gesund & effizient
Defizit von 20% *Faktor 0,8*	moderates Defizit (empfohlen), einfach in der Durchführung, gesund & effizient
Defizit bis 30% *Faktor 0,7*	großes Defizit, schneller abnehmen, sollte nicht langfristig durchgeführt werden

Wähle dein Defizit aus (empfehlen würde ich ein moderates Defizit von 20%). Multipliziere den Gesamtumsatz einfach mit dem entsprechenden Faktor des Defizites.

Für Anne mit Defizit von 20%

2340 Kalorien (Gesamtumsatz) · 0,8 = <u>1872 Kalorien</u>

Das war's. Das Kalorienziel ist berechnet. Jetzt kann es losgehen. Im Folgenden findest du die Regeln und wie du die vielen leckeren Rezepte nach deinen Wünschen verwenden kannst. Bitte lese dir die Regeln aufmerksam durch. Das ist entscheidend für deinen Erfolg mit meinem Buch. Das Buch rechnet für dich. Die Rezepte sorgen für das passende Gleichgewicht der Nährstoffe, Vitamine und Ballaststoffe. Auf der rechten Seite kannst du deine aktuellen Berechnungen eintragen und so deine Erfolge festhalten.

	Kalorienziel	Gewichtsverlust	nach Wochen
Beispiel Anne	1872	- 4 kg	3

Wie du dieses Buch verwendest

Die Anleitung & der Aufbau

Im Buch findest du Rezepte in Kalorien-Kategorien zur Auswahl deiner Rezepte:

Frühstück (ab ► Seite 54)
Hauptmahlzeiten (ab ► Seite 60)
Rezepte für Salate (ab ► Seite 222)
Rezepte für Snacks (ab ► Seite 248)
Rezepte für Desserts (ab ► Seite 250)
Rezepte für Brote & Kuchen (ab ► Seite 280)
Rezepte für Dips (ab ► Seite 318)

1 Suche dir die passenden Rezepte nach deinen Vorlieben zusammen - jeden Tag

Die größte und wichtigste Kategorie „Low-Carb Hauptmahlzeiten“ ist in 100er-Schritten und farblich verschieden nach Kalorien sortiert. Als Beispiel: Im Bereich „300“ findest du logischerweise Rezepte mit einer Kalorienmenge um die 300 Kalorien und so weiter. Dein Kalorienziel hast du dir bereits berechnet (falls du das noch nicht gemacht hast, findest du alle Infos dazu ab ► **Seite 32**). Du kannst dich jetzt aus den Kategorien völlig frei bedienen. Dein Tag besteht also aus **Frühstück + 2 Hauptmahlzeiten**. Deine Aufgabe ist es nur mit den von dir frei ausgewählten Rezepten in etwa dein Kalorienziel zu treffen. Suchst du dir also zum Mittag „etwas mehr Kalorien“ heraus, so werden es am Abend dementsprechend etwas weniger.

2 Akzeptable Abweichung der Kalorienmenge (+/- 150 Kalorien)

Du musst dein Kalorienziel nicht auf die Kalorie genau treffen. Als Beispiel: 1872 Kalorien genau mit den Rezepten zu treffen wird so gut wie unmöglich sein. Das ist aber auch gar nicht so wichtig. **Faustregel:** Du rundest dein Kalorienziel auf den nächsten 100er-Wert ab. Im Beispiel also auf 1800 Kalorien. **Nach oben und unten hast du nun ein Spielraum von 150 Kalorien.** Also einen Bereich von **1650 bis 1950 Kalorien**. In diesem Bereich musst du mit deinen frei gewählten Rezepten landen. Merke dir dieses Ziel einfach oder schreibe es auf.

3 Bei Gewichtsverlust oder Stagnierung: Starte eine neue Zielberechnung

Natürlich musst du dich nicht jeden Tag wiegen. Aber gelegentlich macht das schon mal Sinn um deinen Fortschritt auch zu überwachen. Vergleiche dabei aber immer nur den Wochendurchschnitt. Wenn sich nach mehreren Wochen nichts tut (Stagnierung), solltest du dein Ziel neu berechnen (dann hast du vielleicht einen Fehler gemacht). Genauso solltest du dein Ziel neu berechnen, wenn du mehrere Kilos verloren hast. Deine neuen Werte in die Formel eingesetzt, ergeben dann einen geringeres Kalorienziel. Die neue Berechnung startest du einfach wieder ab ▸ Seite 32.

Des Weiteren habe ich noch ein paar hilfreiche Tipps & Tricks für ein paar wichtige Sonderfälle im Bereich der Rezepte und der Zubereitung zusammengestellt:

Low-Carb und vegetarisch (ab ▸ Seite 12)
Kalorien schätzen (Restaurant/auswärts) (ab ▸ Seite 48)
Tipps für Nachtschicht/Schichtbetrieb (ab ▸ Seite 50)
Keine Küche/Ofen/Mikro im Job (ab ▸ Seite 53)

Wie du die Rezepte verwendest

Rezepte-Icons

Die Rezepte werden entsprechend ihrer Eignung mit verschiedenen Icons wie „**laktosefrei**“ oder „**geeignet zum Mitnehmen und Einpacken**“ gekennzeichnet.

Zutaten tauschen & wechseln

Ob du in einem Rezept eine Zucchini mit Tomaten oder einer Aubergine austauscht ist völlig egal. Wenn es zum Rezept passt und du diese Anpassung machen möchtest ist das überhaupt kein Problem. Natürlich gilt das vor allem für Gemüse. Hier kannst du dich gerne nach deinen Wünschen austoben. Was nicht funktioniert sind gravierende Änderungen an einem Rezept, welche das Rezept in den Grundzügen verändern. Zum Beispiel indem ein Stück Hähnchenbrust durch ein Lachsfilet ersetzt wird. Diese Änderung würde die Nährwerte und den Kaloriengehalt des Rezeptes drastisch verändern. Das gilt natürlich für alle Zutaten mit einer hohen Energiedichte. Aber ein 1:1 Tausch (auf die Kalorien bezogen) ist natürlich immer möglich.

Gemüse gegen Gemüse
Fett / Öl gegen ein anderes Fett / Öl
Tofu gegen Tempeh (o.ä.)
Apfel gegen Kiwi (Obst gegen Obst)
und so weiter ...

Hintergrund ist vor allem, dass du deine Kühlschrankreste verwenden sollst. Wir wollen nichts was noch verwendet werden kann wegwerfen. Tausche also sinnvoll Zutaten, wenn möglich. Du sparst Lebensmittel und Geld.

Rezepte mit dem **„To-Go"**-Icon sind geeignet um mit passenden Dosen und Behältern transportiert zu werden. Außerdem eignet sich die Zusammensetzung der Zutaten gut für eine Haltbarkeit und das erneute Aufwärmen in einer Mikrowelle oder auf dem Herd. Statte dich mit hochwertigen Transportboxen aus. Das rote Icon mit der Rakete markiert alle Rezepte mit kurzer Zubereitungszeit. Dabei darf die Vorbereitung und das Kochen maximal 20 Minuten dauern. Rezepte ohne Milchprodukte sind mit dem blauen Laktosefrei-Icon gekennzeichnet. Und alle Rezepte mit typischen Omega-3-Quellen in der Zutatensliste, tragen unser Omega-3-Icon. Die Icons findest du immer auf der rechten Seite der Rezepte an der selben Stelle.

Nährwerte

Die **Nährwerte-Box(en)** zeigen dir **immer die Nährwerte für genau eine Portion**. Auch wenn in den Zutaten manchmal die Mengen für zwei oder auch drei Portionen angegeben werden, gelten die Infos aus der Nährwerte-Box immer für eine dieser Portionen. So hast du auch die Kontrolle, falls du mal die halbe oder doppelte Portion von einem Gericht kochen möchtest.

Rezepte halbieren/verdoppeln

Die Rezepte aus den hohen Kalorienbereichen kannst du so zum Beispiel auch passend für deinen Bedarf halbieren.

Häufig gestellte Fragen und wichtige Facts

Muss ich Sport treiben?

Wie bereits bei der Berechnung des Kalorienwertes beschrieben ist es nicht gezwungenermaßen notwendig auch Sport zu treiben. Trotzdem ist Bewegung, Spazieren gehen, Joggen oder Krafttraining sinnvoll und nur förderlich. Positiv für Herz, Kreislauf und den Stoffwechsel. Mit Bewegung und Sport unterstützt du also nicht nur deine Diät, sondern tust auch deiner Gesundheit etwas Gutes.

Kohlenhydrate nach 18 Uhr machen dick?

Leider hat sich das irgendwie rumgesprochen. Wahr ist daran allerdings **nichts**! Mit einer Low-Carb Mahlzeit am Abend unterstützt man die Fettverbrennung in der Nacht. Wenn man aber ein Stück Brot anrührt soll gleich alles für die Katz sein? Nein, keine Sorge. Die Unterschiede sind zu vernachlässigen. Im Grunde ist es egal ob du Kohlenhydrate am Morgen oder am Abend isst. Trotzdem sind sie beim Frühstück und als Energielieferant deutlich sinnvoller am Morgen untergebracht.

Ist ______ bei Low-Carb erlaubt?

Ich werde das immer wieder gefragt. Und zwar zu allen möglichen Lebensmitteln. Mein erster Tipp ist immer ein Blick auf die Nährwertangaben des Lebensmittels oder Produktes (siehe ▸ **Seite 18**). Das hilft manchmal schon enorm. Wenn es nicht gerade um Haushaltszucker oder Vergleichbares geht **ist eigentlich kein Lebensmittel kategorisch verboten**. Eine Banane ist genauso wenig verboten wie eine Portion Nudeln oder ein Brötchen. Alleine betrachtet ist das einfach nicht zu beantworten. Es kommt immer darauf an wie der Rest des Tages so aussieht oder was davor schon gegessen wurde. **So lange es in den Plan und das Ziel passt, ist alles erlaubt!**

Wie sieht es mit Cheatdays aus?

Ein Cheatday oder auch mal ein Cheatmeal sind erlaubt, wenn sie euch das „Durchhalten" erleichtern. Aber natürlich sollte der Cheatday gesittet ablaufen. Zum Frühstück gibt es Pancakes mit Sirup und noch einen Donut. Um 13:00 Uhr trifft man sich dann mit der Freundin beim McDonald's und gönnt sich 1-2 Menüs. Am Abend ist der Pizza-Lieferdienst dran. Genauso sieht der Cheatday **nicht** aus. Wenn ihr nicht müsst, dann ist es natürlich besser auf den Cheatday zu verzichten.

Wenn es aber trotzdem zum **Cheatday** kommt, würde ich das Ganze wie folgt gestalten: Frühstück „ganz normal" mit Brötchen nach Wunsch (am besten an einem Sonntag mit Freunden). Und natürlich ist dann auch Nutella und Co. erlaubt (aber nicht gleich das halbe Glas). Mittags wird eine Kleinigkeit selbst gekocht (worauf man schon lange mal wieder Bock hat - zum Beispiel Spaghetti Bolognese) und am Abend könnte man sich ja auch noch mit einer Freundin gemütlich in einem Restaurant treffen und gemütlich was essen. Wenn man am Abend zum Beispiel beim Lieblings-Italiener reserviert hat, könnte man die Bolognese nach dem tollen Frühstück auch ausfallen lassen.

Bei einem **Cheatmeal** (das kann ja auch mal ungeplant passieren) muss man sich keine großen Gedanken machen. Das kann man einfach am nächsten Tag durch eine etwas kleine Portion wieder ausgleichen.

Ist Alkohol erlaubt?

Generell spricht nichts gegen ein gelegentliches Bier oder ein Viertelchen Wein. Aber auch alkoholische Getränke haben Kalorien. Das sollte man bedenken und dann auch mit einplanen. Ein kleines Bier bringt es alleine schon auf ca. 12g Kohlenhydrate und über 130 Kalorien. Ein Viertel Rotwein schlägt sogar mit ca. 200 Kalorien zu Buche. Bestenfalls ist auf Alkohol aber zu verzichten. Wasser tut dem Körper da deutlich besser.

Cardio oder Krafttraining?

Wenn du deine Ernährung/Diät durch **Sport** unterstützen möchtest, ist das natürlich super. **Aber was ist sinnvoller während einer Diät?** Zunächst musst du wissen, dass dein Körper sich die fehlende Energie während einer Diät nicht nur aus den Fettreserven holt. Es werden auch Muskelmasse zur Bereitstellung von Energie herangezogen. Um einem starken Muskelschwund entgegen zu wirken ist gelegentliches Krafttraining zu empfehlen und deine Muskelmasse zu schützen. Cardio dagegen verbrennt im Vergleich kurzzeitig mehr Kalorien und verbessert auch die Regeneration nach oder zwischen zwei Trainings. Im Klartext ist eine Kombination aus Cardio- und Trainingseinheiten pro Woche zu empfehlen.

Hilfe, ich habe über Nacht zugenommen!

„Ich habe über Nacht 2 Kilo Fett zugenommen!!" - Keine Sorge! Noch niemand hat über Nacht X Kilogramm an Fett zugelegt. Das ist gar nicht möglich. Dein **Körpergewicht schwankt jeden Tag mehrere Kilogramm**. Außerdem verläuft dein Körpergewicht auch nicht in einer strikten Diät jeden Tag abwärts (das ist auch der Grund weshalb man sich nicht unbedingt jeden Tag wiegen sollte - mehr dazu im nächsten Abschnitt). Deine tägliche Zufuhr von Flüssigkeit, Kohlenhydraten, Salz aber auch deine täglichen Aktivitäten, hormonelle Aktivitäten und dein Stresslevel beeinflussen dein aktuelles und tägliches Körpergewicht. Der größte Teil ist dabei im Körper eingelagerte **Flüssigkeit (Wasser)**. Dein Gewicht am Abend und am nächsten Morgen haben also so gut wie nichts mit deiner Fettmasse zu tun. Um 1 Kilogramm Fett auf zu nehmen müsstest du bis zu 15 Tafeln Schokolade auf einmal essen (*„Challenge accepted?"* - Bitte nicht!)

Wie oft sollte ich mich wiegen?

Wie im vorausgehenden Abschnitt beschrieben schwankt dein Körpergewicht täglich aus verschiedenen Gründen und um mehrere Kilogramm. Wie oft also und unter welchen Bedingungen sollte man sich wiegen? Um eine reale Gewichtsentwicklung darzustellen, solltest du immer zum Beispiel einen **Wochendurchschnitt deines Gewichtes tracken und notieren**. Dazu kannst du dich durchaus jeden Tag zur selben Zeit wiegen. Vergleiche dabei aber nicht jeden Tag mit dem anderen. Wiege dich also zum Beispiel jeden Tag die Woche um 18 Uhr oder nach dem Aufstehen. Berechne den Wochendurchschnitt der Werte. Diesen Wert kannst du mit dem Durchschnitt der Folgewoche vergleichen. Wenn du so nach zum Beispiel 2 bis 3 Wochen bemerkst, dass es nicht weiter voran geht, kannst du deine Werte neu berechnen und ein neues Kalorienziel festlegen.

Bei meinem Gewicht tut sich kaum was! Bin ich auf dem richtigen Weg?

Dein Gewicht ist natürlich der erste messbare Wert an welchem du den Erfolg deiner Diät misst. Trotzdem gibt es zahlreiche weitere und sogar (aus meiner Sicht) noch **wichtigere Faktoren** um den Erfolg deiner Ernährung zu messen:

- Du freust dich auf deine nächste Trainingseinheit
- Du freust dich auf die nächste gesunde Mahlzeit mit viel Gemüse
- Du hast gute Laune und fühlst die Motivation
- Du gönnst dir kleine süße Snacks ohne ein schlechtes Gewissen

Außerdem verändern sich folgende weitere Dinge bereits nach wenigen Wochen unabhängig von dem Stand der Waage:

- Deine Körpermaße (zum Beispiel Bauchumfang) ändern sich
- Du machst Fortschritte bei Ausdauer und im Training
- Du fühlst die Energie und bist fitter
- Du siehst optische Veränderungen an deinem Körper
- Du bemerkst die Veränderung auch sehr gut bei Klamotten

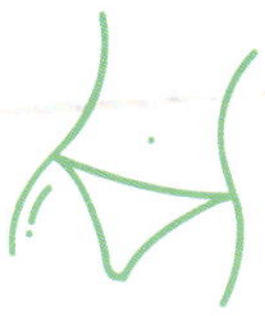

Von Nichts kommt Nichts!

Gesunde Ernährung und auch mein Konzept ist kein Weg um möglichst schnell abzunehmen. Wenn das dein Anspruch ist, solltest du deine Denkweise verändern. **Ein Ziel zu erreichen ist harte Arbeit** und man muss sich auch den Arsch dafür aufreißen. So ist es einfach! Langfristig denken und sich Zeit für seine Ziele nehmen ist auf Dauer mehr Wert, als möglichst schnell abzunehmen. Mit Jo-Jo-Effekt nach Crash-Diäten bist du mit der „langsameren Variante" trotzdem schneller!

Heißhunger & Fressattacke Was kann ich tun?

Wenn der Anfall kommt...

Wenn du ein typischer Kandidat für **Heißhunger-Attacken** bist gebe ich dir hier ein paar Tipps an die Hand. Wenn du eine gewisse Zeit Rezepte aus diesem Buch gekocht und gegessen hast, sollten diese Attacken oder das plötzliche Verlangen nach etwas zum Naschen (oder generell auf irgendetwas zum Essen) deutlich nachlassen. Wenn du dem Verlangen nicht nachgeben kannst, dann verwende **die richtigen Snacks** zum Knabbern (siehe Snacks auf ▸ **Seite 248**) oder eine Portion Obst.

Eine Attacke dauert meist nicht lange an aber in diesen paar Minuten wird über alles hergefallen was sich so im Vorratsschrank oder dem Kühlschrank versteckt (kenne ich selbst aus eigener Erfahrung). Aber: du kannst während einer Attacke nichts essen, wenn du nichts eingekauft hast. Denke also vorher daran und kauf erst gar keine Schokolade oder Knabberzeugs im Überfluss ein. Natürlich möchte ich dir nicht verbieten eine Tüte Chips oder eine Schokolade im Schrank liegen zu haben, aber es hilft auch einfach „keinen direkten Zugriff" auf etwas Süßes zu haben. So erging es mir zumindest oft. Man geht dann zwar trotzdem 2-3 Mal (innerhalb von 5 Minuten) zum Kühlschrank und überprüft immer wieder ob sich da nicht doch noch irgendwas drin versteckt hat (obwohl man es eigentlich besser weiß). Wenn man dann nichts findet, bleibt „nur" die Alternative von zum Beispiel einem Apfel. Weil dieser das Verlangen aber ganz und gar nicht befriedigt, verpufft die Attacke dann gezwungenermaßen. Das ist zwar in diesem Moment sehr frustrierend, aber auch dieser Zustand hält nicht lange an. Das Gefühl welches danach folgt ist dann umso besser. Du hast erfolgreich Widerstand geleistet (auch wenn du dazu gezwungen warst und dir eigentlich was „reingestopft" hättest, wenn denn etwas da gewesen wäre). Die nächste Stufe ist dann etwas „da zu haben" und gezielt zu widerstehen. Das geht soweit, dass man in die Küche geht und die Tafel Schoki schon in der Hand hat und dann „Nein!" sagen kann. Probier's mal aus. Desweiteren folgen ein paar hilfreiche Tipps:

Zähne putzen

Das Abendessen ist schon eine Weile her, du bist aber noch wach und plötzlich ist es wieder da: das Verlangen. Ab ins Bad und Zähne putzen. Glaub mir, es hilft!

Beschäftigung

Wenn du eine Ablenkung hast und dir nicht langweilig ist, hat es der Heißhunger auch schon etwas schwerer. Sollte der Heißhunger aber trotzdem „angreifen" kannst du zum Beispiel auch eine Freundin anrufen oder eine Ablenkung starten, welche auch etwas Spaß mit sich bringt (für Jungs z.B. eine Runde PlayStation oder Ähnliches). Meistens ist Heißhunger ein Gefährte der Langeweile. Achte darauf was du gerade machst oder gemacht hast während dich das Verlangen übermannt.

Trinke Wasser (am besten heiß) oder Tee

Ein heißes Getränk hilft ebenfalls gegen Heißhunger. Wer die Geduld nicht hat sich erst einen Tee aufzubrühen der kann auch einfach ein großes Glas Wasser trinken.

Abstand der Mahlzeiten

Mach nicht zu große Pausen zwischen zwei Mahlzeiten. In der Regel sollten zwischen zwei Mahlzeiten bis zu 5 Stunden liegen. Wenn bei jeder Mahlzeit eine große Portion Gemüse auf deinem Teller landet, gehören Heißhunger-Attacken bald der Vergangenheit an.

Kaugummi kauen

Fange bei einer Attacke an Kaugummi zu kauen. Die Flüssigkeit welche sich im Mund durch den Kaugummi bildet und das Kauen an sich können das Verlangen nach etwas zu Naschen schnell verdrängen.

Auswärts essen & Tipps im Restaurant

Du warst eigentlich so gut „drin“ mit deiner Ernährung, da kommt dein Mitbewohner oder eine Freundin und fragt dich, ob du dich mit ein paar Freunden in der Pizzeria um die Ecke zum Essen treffen willst. Da passiert es schnell, dass man schwach wird und sich eine Pizza gönnt. Die noch schlechtere Alternative ist, sich wegen diesen Gründen komplett von dem Treffen fern zu halten um die Fortschritte der Ernährung nicht kaputt zu machen. **Wähle den Mittelweg!** In fast jedem Restaurant findet sich auf der Speisekarte etwas Passendes für deine Low-Carb Ernährung. Auch wenn es nicht extra als Low-Carb gekennzeichnet ist. Du solltest also in etwa wissen, welche Kategorie von Lebensmitteln und Gerichten sich dafür eignet und welche nicht. Dabei hilft dir auch das wichtige Kapitel „Low-Carb Lebensmittel“ ab ▸ **Seite 20**. Außerdem lässt sich mit jeder Bedienung reden. So können auch Beilagen mit vielen Kohlenhydraten meistens kostenlos zum Beispiel durch frisches Gemüse ersetzt werden.

Der innere Schweinehund

Natürlich musst du auch etwas **Disziplin** an den Tag legen. Ohne die geht es nicht. Während alle anderen am Tisch sich eine leckere und große Pizza bestellen, musst du durchhalten und einen großen Salat, ein Fischfilet oder ein Stück Fleisch mit Gemüse bestellen. Die ersten paar Male sind sehr schwer. Aber wenn du das durchziehst darfst du auch super stolz auf dich sein! Wenn das später mal Routine wird (und eine Pizza gönnst du dir natürlich auch immer wieder mal) dann ist es wirklich super easy! Mit den Getränken ist es das Gleiche! Mache Alkohol und Cola zu den Ausnahmen und bestelle Wasser! Wenn du bei Freunden zum Essen eingeladen bist, gibt es eigentlich nur zwei Möglichkeiten: Entweder du sprichst vorher mit deinem Gastgeber und fragst nach ob Alternativen möglich sind oder du planst den Besuch einfach in deinem Speiseplan ein und vergisst an diesem Abend alles Weitere und genießt den Abend bei Freunden oder Bekannten.

Bevor es losgeht...

Auf dem Tisch landen ein Brotkorb, Butteraufstrich, Öl und Oliven. Natürlich ist das lecker, **spare dir deinen Appetit aber lieber auf dein Hauptgericht**. Alles was du jetzt isst, ist später nach deiner Hauptmahlzeit „too much". So sparst du dir unnötige Kalorien und Kohlenhydrate. Konzentriere dich lieber auf das Gespräch am Tisch.

Vorplanung

Ein Blick in die Online-Speisekarte schon zuhause oder bevor du losgehst schadet oft nicht. So kannst du dir schon mal etwas Vegetarisches aussuchen. Außerdem fällt es dir am Tisch dann auch leichter bei deiner Wahl zu bleiben.

Kalorienzählen im Restaurant?

„Herr Ober können Sie mir bitte eine Waage bringen?" - ein Satz den du im Restaurant nicht sagst. Wie zählst du deine Kalorien im Restaurant? Richtiges Zählen geht hier natürlich nicht. Du kannst allenfalls schätzen. Und das geht nicht ohne Erfahrung. Eine Portion Nudeln auf dem Teller zu schätzen ist gar nicht so einfach. Aber, und jetzt kommt es: **Es ist auch nicht notwendig**. Du sollst beim Essen im Restaurant auch etwas genießen und nicht zusätzlich zu deiner Low-Carb Gerichtwahl auch noch Kopfrechnen. **Mein Tipp:** Versuche bei geplanten Restaurantbesuchen deine anderen Tagesmahlzeiten darauf anzupassen. Zum Beispiel diese etwas zu verkleinern, wenn du im Restaurant gerne etwas mehr essen möchtest. Dabei kannst du auch rein nach Gefühl vorgehen.

Empfehlungen für Schicht- & Nachtarbeit

Die passende Kost

Arbeiten, wenn andere sich im Bett umdrehen und der **Bio-Rhythmus** eigentlich im Schlaf-Modus ist. Für viele von euch ist das Alltag. Aber wie meistere ich die gesunde Ernährung auch in diesen schweren Bedingungen? Um die Belastungen auf den Körper entgegenzuwirken gibt es ein paar Tipps. Vor allem zu später Stunde und nachts ist eine passende Kost für Magen-Darmtrakt zu empfehlen. Auswirkungen von falscher und schlechter Ernährung können unter anderem Schlafstörungen, Appetitlosigkeit und Müdigkeit sein.

Optimale Ernährungszeiten bei Schichtarbeit

Frühschicht: Um 5 Uhr am Morgen haben die wenigsten Menschen Hunger. Wer hier etwas essen möchte sollte es bei einem kleinen Snack belassen. In der ersten Pause sollte dann erst das eigentliche Frühstück eingenommen werden. Zur Mittagszeit oder nach Schichtende das Mittagessen einnehmen.

Spätschicht: In die Spätschicht solltest du satt mit etwas Vorlauf starten. Je nach Arbeitsbeginn kann das also ein normales Mittagessen und/oder eine Mahlzeit am Nachmittag sein. Ein Snack in der Schicht und ein normales Abendessen gegen Ende oder nach der Schicht.

Nachtschicht: Du solltest weder zu voll noch zu hungrig in eine Nachtschicht starten. Es empfiehlt sich also ein gesundes sättigendes Abendessen bevor es losgeht. Während der Nacht ist dein Körper nicht so leistungsfähig. Ich empfehle daher 1-2 kleine Mahlzeiten. Zwischen 1 und 4 Uhr solltest du allerdings nichts essen. Verteile die Mahlzeiten auf die Stunde nach Mitternacht und erst wieder ab 4 Uhr am Morgen. Ideale Getränke in dieser Zeit sind **warme Tees**. Nach deiner Nachtschicht solltest du ein kleines bis normales und leichtes Frühstück zu dir nehmen. So kannst du später ohne Hunger einschlafen.

Passende Mahlzeiten & Snacks (für Nachtschicht)

Vor allem während einer Nachtschicht ist es empfehlenswert eher mehrere kleine Mahlzeiten (Snacks) einzunehmen als wenige große Gerichte. Bestenfalls sind die Mahlzeiten auch **warm**. Also zum Beispiel eine **warme Suppe** aus dem Thermosbehälter. Einpacken lassen sich eigentlich alle Gerichte mit dem passenden Equipment. Suche dir bei den Rezepten aus diesem Buch einfach die gewünschten Rezepte heraus.

Leichte Kost in der Nacht:

- Milch & Milcherzeugnisse: Joghurt und Quark mit Beeren
- Eiweißbrot mit Frischkäse & Gurke
- Rohkost: Gurke, Karotten, Paprika mit Dip (z.B Tzatsiki oder Quark, Humus) Siehe dazu auch unsere Low-Carb Veggie-Dips ab ▸ **Seite 318**
- Obst und leckere Salate
- Tofu
- Eier (gekocht)
- Für Energie sind hier auch gesunde Kohlenhydrate wie etwas Reis oder Vollkornnudeln empfehlenswert
- zu trinken: warme Tees, Mineralwasser und Muntermacher wie Kaffee oder schwarzer Tee (aber nicht mehr gegen Ende der Nachtschicht)

Planung und Vorbereitung

Nimm dir die Zeit und plane deine Mahlzeiten auch für deine Nachtschicht. So musst du Gerichte nur noch aufwärmen und kommst nicht in die Situation, dass du etwas von der Kantine oder vom Kiosk holen musst. Ein Absprechen mit Kollegen ist auch eine tolle Möglichkeit. Man kann sich zum Beispiel mit dem Kochen abwechseln.

Die „fehlende Zeit“ für gesunde Ernährung

Ich hab keine Zeit. Achja?

Zu (gesunder) Ernährung gehören viele Kleinigkeiten. Wissen, Bereitschaft, Freude am Kochen und an den Lebensmitteln, Genuss und vieles mehr. Das Wichtigste aber ist die **Zeit**. Wir müssen uns Zeit nehmen um Mahlzeiten zu planen, um einzukaufen, um zu kochen und alles entsprechend vorzubereiten. Wenn einem aber im Alltag und während der Arbeitszeit keine Küche zur Verfügung steht, sondern nur die Kantine oder der Bäcker an der Tankstelle, sieht es schnell düster aus. Ja, man könnte sich ja was mitbringen und schnell in der Mikro warm machen. Das bringt aber zwei Voraussetzungen mit sich: zum einen sollte natürlich eine Mikrowelle vorhanden sein. Zusätzlich muss eine Mahlzeit zum Aufwärmen vorbereitet werden. Dazu kommt, dass man sich am Vortag überlegen muss, was man morgen essen will und das Ganze dann auch noch einkaufen und zubereiten muss. Und eigentlich weiß man auch noch nicht was es eigentlich heute zu Abend geben soll?! Nun, um es kurz und schmerzlos zu machen: Für dieses Problem gibt es keine Lösung. Außer dass **man sich diese Zeit nimmt**, wenn es einem wichtig ist. *„Aber ich habe zwei Kinder zu versorgen und sonst keine Zeit mehr“* - auch dieser Part ist nicht einfach zu meistern, aber egal ob Ernährungsplan, Kochbuch, leckeres Low-Carb Rezept oder Tipps & Tricks: was du aber in jedem Fall aufbringen musst und was ich dir niemals liefern kann ist **Zeit**. Wenn du Veränderung an deinem Körper willst musst du nicht nur etwas tun, du musst dir den Arsch aufreißen. Ich verspreche dir, dass Zeit zum Planen, Einkaufen und Vorkochen immer verfügbar ist. Denn essen muss nun mal jeder.

Zeitsparen 1 - Kurz & knackig

Achte bei den Rezepten in diesem Buch (zusätzlich zu den Kalorien) auch auf die Zeitangabe und das To-Go-Icon (siehe Beschreibung der Icons auf ▸ **Seite 40 und 41**). Verwende Rezepte mit kurzen Zubereitungszeiten und spare so Zeit.

Zeitsparen 2 - Planung ist ALLES!

Investiere einmalig pro Woche einen großen Teil Zeit und plane deine ganze Woche. So kannst du zum Beispiel auch den Großteil der Lebensmittel in einem einzigen Einkauf erledigen und musst nicht jeden Tag zum Supermarkt gehen.

Zeitsparen 3 - Die Doppelte Menge (oder mehr)

Koche leckere Gerichte in einem Ruck gleich doppelt oder in mehrfachen Portionen. Vieles lässt sich so direkt für den nächsten Tag vorbereiten oder auch einfrieren.

Zeitsparen 4 - Küchenordnung

Halte Ordnung in deiner Küche. Wenn du weißt wo deine Geräte und Utensilien liegen sparst du Zeit. Auch wenn das vielleicht blöd klingt. Es lohnt sich!

Zeitsparen 5 - Effizient kochen (und Energie sparen)

Verwende Deckel beim Aufkochen auf Töpfen und Pfannen. So sparst du nicht nur Zeit (Wasser kocht schneller) sondern auch Energie und bares Geld.

Keine Küche/Mikrowelle am Arbeitsplatz

Die Kollegen gehen zum Imbiss oder bestellen Pizza. Du hast vorgekocht aber **eine Küche oder eine Mikrowelle fehlt?** Hier ist es genau das gleiche Thema wie mit der Zeit: Was nicht da ist kann dieses Buch dir auch nicht liefern. Die Lösung ist ganz einfach: Finde einen passenden Mix aus vorgekochten kalten Gerichten für dein Mittagessen, passe dich der Situation an und verlege deine warme Mahlzeit zum Beispiel auf den Abend. Du kannst ja trotzdem hin und wieder mit deinen Kollegen zum Essen gehen.

Tipp Das Thema beim Chef ansprechen wirkt oft auch Wunder.

Frühstück

Wähle dein Frühstück selbst aus

Ich hätte gerne...

Wir wollen den Tag nicht gleich im vollen Low-Carb Modus starten, denn am Morgen brauchst du Energie und die wichtigste Mahlzeit des Tages ist doch bekanntermaßen das Frühstück, oder? Ist das tatsächlich so? Nun, nicht ganz - viel wichtiger ist aber, dass jeder Mensch anders ist und anders tickt. Es gibt viele Menschen die sehr selten frühstücken oder am Morgen einfach noch nicht direkt Hunger haben.

Für dein Frühstück: Wähle dir aus den folgenden Frühstücksblöcken jeweils eine Zutat aus und fertig ist dein Frühstück. Dabei kannst du jeden Tag nach Lust und Laune variieren. Wenn du einer der erwähnten Nicht-Frühstücker bist, dann lässt du auch hier das Frühstück einfach aus. Dafür werden dein Mittag- und Abendessen etwas größer. Für dein Frühstück rechnest du einfach mit den folgenden Durchschnittswerten - völlig egal wie du dir dein Frühstück aus den Blöcken 1 bis 3 zusammenstellst:

450

Kalorien

So lange du dein Frühstück aus den Blöcken mit den dort angegebenen Mengen auswählst, kannst du dein Frühstück mit 450 Kalorien berechnen. Diese Kalorien werden natürlich bereits von deinem berechneten Tagesziel abgezogen. Wenn du mehr beim Frühstück essen möchtest, beachte das Plus an Kalorien und berücksichtige die übrige Menge für deine Auswahl von Mittag- und Abendessen.

Block 1

Wähle ein Lebensmittel aus dem Block 1 für dein heutiges Frühstück:

1 Brötchen ca. 80g

Nach Möglichkeit ein Dinkel- oder Vollkornbrötchen. Perfekt für den Start in den Tag und für eine kleine Energie-Portion am Morgen. Kombiniere das Brötchen mit Elementen aus Block 2 und 3.

bis zu 30g Kohlenhydrate ***181 kcal***

1 Portion Haferflocken ca. 50g

Vollgepackt mit Ballaststoffen, Mineralstoffen und Vitaminen. Eine kleine Vollkorn-Portion in Kombination mit Quark oder Joghurt und Nüssen ist der perfekte Start in den Tag. Mischungen sind auch ok! Zuckerfrei sollten sie sein!

bis zu 28g Kohlenhydrate ***177 kcal***

1 Portion Obst

Zum Beispiel einen Apfel, eine Banane oder eine Kiwi. Mach dir über den Fruchtzucker am Morgen keine Gedanken! Sekundäre Pflanzenstoffe, Vitamine und Mineralstoffe, Ballaststoffe ... perfekt!

bis zu 30g Kohlenhydrate ***140 kcal***

Block 2

Wähle ein Lebensmittel aus dem Block 2 für dein heutiges Frühstück:

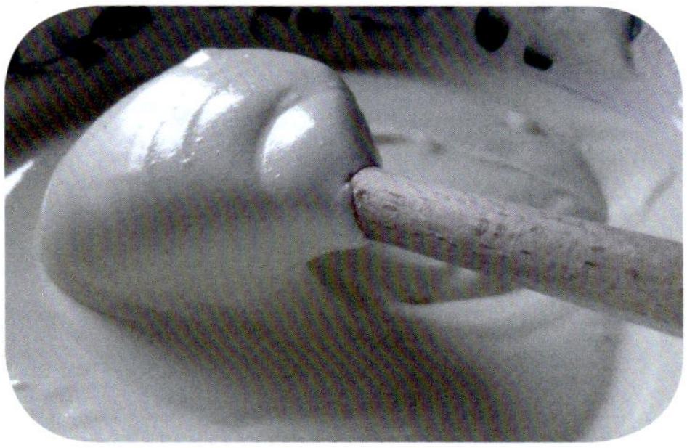

150g Magerquark 0,2%
oder eine Portion Joghurt (Block 3)

Die perfekte Eiweiß-Kombination für Haferflocken und Beeren oder Nüsse. Einfach den Magerquark mit etwas Wasser oder Milch anrühren.

bis zu 6g Kohlenhydrate ***102 kcal***

1 großes Ei
Als Rührei mit Kräutern und Gewürzen, als Spiegelei oder weichgekocht mit etwas Salz.

bis zu 1g Kohlenhydrate ***86 kcal***

Block 3

Wähle ein Lebensmittel aus dem Block 3 für dein heutiges Frühstück:

1 Scheibe Käse ca. 30g

Die Klassiker wie Gouda, Tilsiter oder Emmentaler als Scheibe auf's Vollkornbrötchen ... ein Traum!

bis zu 0g Kohlenhydrate ***107 kcal***

180g Joghurt natur 1,8%
oder eine Portion Magerquark (Block 2)

Der Klassiker mit einer Portion Obst und ein paar Chia-Samen oder mit Beeren und einer Portion Haferflocken.

bis zu 10g Kohlenhydrate ***106 kcal***

100g Beeren oder 20g Nüsse
oder eine Portion Obst (Block 1)

Beeren wie Himbeeren, Blaubeeren, Erdbeeren. Nüsse wie Walnüsse, Haselnüsse oder Mandeln.

bis zu 7,5g Kohlenhydrate ***120 kcal***

Passend zur Auswahl immer erlaubt:

Ergänzende Milchprodukte

Passend zur Auswahl eine Portion Butter oder ein Schuss Milch zum Quark. Alternativ sind natürlich auch Mandelmilch kein Problem.

Rohkost

Die Frühstück-Lebensmittel aus allen Blöcken können jederzeit mit Rohkost-Portionen wie Paprika, Salatgurke und Karotten ergänzt werden. Die Rohkost-Häppchen eignen sich auch super als Snack für Zwischendurch.

Sonstiges

Weitere Lebensmittel natürlich erlaubt zur freien Verwendung:

Gewürze und Süßungsmittel (kein Zucker) jeder Art
Wasser & Tee (mit Ingwer)
Toppings wie Chia-Samen, Kokosflocken
Toppings wie Kürbiskerne, Sonnenblumenkerne, Leinsamen (in kleinen Mengen)

Hauptgerichte

ab 300 kcal

Rucola-Waffeln

3g
Kohlenhydrate

10g
Eiweiß

20g
Fett

240
Kalorien

20
Minuten

Zutaten für 4 Waffeln

- 100g Rucola
- 70ml Sahne
- 50g Mandelmehl
- 2 Eier
- 50g Butter
- 1/2 TL Backpulver
- 1 Prise Salz
- 1 Prise Pfeffer

Zubereitung

Eier trennen. Eiweiß mit einer Prise Salz steif schlagen.

Butter schmelzen und mit dem Eigelb und der Sahne verquirlen. Mit Salz und Pfeffer würzen. Mandelmehl und Backpulver hinzufügen und unterrühren.

Rucola waschen und mit dem Stabmixer pürieren. Rucolapüree zu der Eigelb-Mehl-Mischung geben und unterrühren. Eischnee vorsichtig unterheben.

Waffeleisen mit etwas Butter einfetten und nacheinander 4 Waffeln backen.

300

300

to go

Ofengemüse mit Süßkartoffel

Kohlenhydrate	Eiweiß	Fett	Kalorien	Minuten
30g	5g	19g	330	35

Zutaten

100g Süßkartoffeln
100g Zucchini
100g Paprika
1 Zwiebel
frische Kresse

2 EL Olivenöl
1 TL Italienische Kräuter
1 Prise Knoblauchpulver
1 Prise Salz
1 Prise Pfeffer

Zubereitung

Ofen auf 200 °C vorheizen.

Zwiebel hacken. Gemüse putzen und in Stücke schneiden. Süßkartoffel schälen und würfeln. Alles in eine Schüssel geben.

Olivenöl, Kräuter, Salz, Pfeffer und Knoblauchpulver zum Gemüse geben und alles gut miteinander vermengen. In eine Auflaufform füllen und im Ofen für etwa 25 Minuten backen.

Vor dem Servieren frische Kresse über das Ofengericht streuen.

300

300

Spinat-Quiche

3g	12g	22g	280	40
Kohlenhydrate	Eiweiß	Fett	Kalorien	Minuten

Zutaten für 4 Portionen

250g Blattspinat
1 Zwiebel
3 Eier
150ml Sahne
80g Reibekäse
1 EL Olivenöl
1 Prise Salz
1 Prise Pfeffer
1 Prise Muskat

Zubereitung

Ofen auf 200 °C vorheizen. Quicheform einfetten.

Blattspinat bei niedriger Hitze auftauen und anschließend gut abtropfen lassen.

Zwiebel hacken und in etwas Öl kurz andünsten. Spinat hinzufügen und für weitere 3 Minuten dünsten.

Eier, Sahne, Salz, Pfeffer und Muskat verquirlen. Reibekäse hinzufügen und unterrühren Spinat gleichmäßig in der Quicheform verteilen. Ei-Käse-Mix darübergießen und im Ofen für etwa 25 Minuten backen. Direkt heiß servieren.

300

Spinat mit Ei

4g	13g	30g	390	30
Kohlenhydrate	Eiweiß	Fett	Kalorien	Minuten

Zutaten

250g Blattspinat
1/2 Zwiebel
50ml Sahne
1 Ei
1 EL Rapsöl
1 Prise Salz
1 Prise Pfeffer
1 Prise Muskat

Zubereitung

Ofen auf 180 °C vorheizen.

Zwiebel hacken. Spinat auftauen lassen.

Öl in einer Pfanne erhitzen und die Zwiebel darin kurz andünsten. Spinat hinzufügen und für weitere 3 Minuten dünsten. Sahne einrühren und alles mit Salz, Pfeffer und Muskat würzen.

Spinat in eine kleine Auflaufform füllen. In die Mitte eine kleine Mulde formen und das Ei hinein schlagen.

Im Ofen für etwa 10 bis 15 Minuten stocken lassen. Vor dem Servieren frisch gemahlenen Pfeffer über das Ei streuen.

Gemüse-Kroketten

to go

11g
Kohlenhydrate

32g
Eiweiß

19g
Fett

353
Kalorien

50
Minuten

Zutaten

150g Zucchini
200g Blumenkohl
5g Petersilie
1 Ei
50g Parmesan
1 TL Johannisbrotkernmehl
1 Prise Salz
1 Prise Pfeffer

Zubereitung

Ofen auf 200 °C vorheizen. Backblech mit Backpapier auslegen.

Zucchini und Blumenkohl mit der Küchenreibe raspeln oder mit der Küchenmaschine zerkleinern. Mit Salz in eine Schüssel geben und 15 Minuten ziehen lassen.

Zucchini-Blumenkohl-Mix durch ein Küchentuch kräftig ausdrücken damit möglichst viel Flüssigkeit entweichen kann.

Blumenkohl, Zucchini, Ei, Parmesan und Johannisbrotkernmehl in einer Schüssel miteinander vermengen. Mit Salz und Pfeffer würzen. Anschließend etwa 12 Kroketten aus der Masse formen und auf das Backblech legen.

Kroketten im Ofen für etwa 30 Minuten goldbraun backen. Anschließend direkt heiß servieren.

Tomaten mit Frischkäse

8g
Kohlenhydrate

13g
Eiweiß

26g
Fett

330
Kalorien

25
Minuten

Zutaten

2 Tomaten
3g Petersilie
50g Feta
50g Frischkäse
20g Schmand
1 Prise Salz
1 Prise Pfeffer
1 Prise Chiliflocken

Zubereitung

Ofen auf 200 °C vorheizen. Backblech mit Backpapier auslegen. Petersilie und Feta fein hacken.

Frischkäse, Schmand und Feta in eine Schüssel geben. Mit Salz, Pfeffer und Chiliflocken würzen und alles gut miteinander vermengen. Petersilie hinzufügen und unterrühren.

Tomaten waschen und gut abtrocknen. Die Hütchen abschneiden und zur Seite legen. Die Tomaten vorsichtig aushöhlen.

Die Tomaten mit der Frischkäse-Feta-Masse füllen. Die Hütchen wieder aufsetzen und im Ofen für etwa 15 Minuten backen.

Vorsichtig aus dem Ofen nehmen und heiß servieren.

300

Radieschensuppe

15g
Kohlenhydrate

8g
Eiweiß

23g
Fett

290
Kalorien

30
Minuten

Zutaten

250g Radieschen
1 Schalotte
300ml Gemüsebrühe
100ml Kochsahne (15%)
2 EL Rote-Bete-Saft
1 TL Butter
20g Kresse
1 Prise Salz
1 Prise Pfeffer

Zubereitung

Radieschen in Stücke schneiden. Schalotte hacken. Butter in einem Topf erhitzen. Schalotte darin glasig anbraten. Radieschen hinzufügen.

Gemüsebrühe angießen und bei niedriger Temperatur für 15 bis 20 Minuten köcheln lassen.

Alles mit dem Stabmixer gut pürieren. Sahne hinzufügen und unterrühren. Rote Beete Saft einrühren und mit Salz und Pfeffer würzen. Nochmals kurz aufkochen.

Suppe vom Herd nehmen und vor dem Servieren mit frischer Kresse garnieren.

to go

Ofengemüse mit Tofu

14g	19g	26g	388	40
Kohlenhydrate	Eiweiß	Fett	Kalorien	Minuten

Zutaten

150g Zucchini
100g Aubergine
50g Paprika
50g Karotte
100g Tofu

2 EL Olivenöl
1 TL Currypulver
1 TL Kräuter der Provence
1 Prise Salz
1 Prise Pfeffer

Zubereitung

Ofen auf 220 °C vorheizen.

Gemüse und Tofu in Stücke schneiden. Beides in eine Schüssel geben.

Olivenöl, Curry, Kräuter, Salz und Pfeffer miteinander verrühren und über den Gemüse-Tofu-Mix geben. Alles gut miteinander vermengen. In eine Auflaufform geben und für etwa 30 Minuten backen.

Aus dem Ofen nehmen und heiß servieren.

Basilikum-Zucchini-Suppe

10g	6g	12g	190	30
Kohlenhydrate	Eiweiß	Fett	Kalorien	Minuten

Zutaten

1 Zucchini
1 Zwiebel
15g Basilikum
500ml Gemüsebrühe
1 EL Sauerrahm
1 EL Olivenöl
1 Prise Muskat
1 Prise Salz
1 Prise Pfeffer

Zubereitung

Zucchini waschen und in Stücke schneiden. Basilikum und Zwiebel hacken.

Olivenöl in einem Topf erhitzen. Zwiebel darin kurz anschwitzen. Zucchini hinzufügen und kurz anbraten. Gemüsebrühe angießen und etwa 20 Minuten leicht köcheln lassen.

Basilikum und Sauerrahm in den Topf geben und alles mit dem Stabmixer pürieren. Mit Salz, Pfeffer und Muskat abschmecken.

Blumenkohl Waffeln

5g
Kohlenhydrate

21g
Eiweiß

18g
Fett

270
Kalorien

25
Minuten

Zutaten

1 Ei
100g Blumenkohl
40g Reibekäse
20g Magerquark
1 TL Johannisbrotkernmehl
frischer Schnittlauch
1 Prise Muskat
1 Prise Salz
1 Prise Pfeffer

Zubereitung

Blumenkohl in Röschen zerteilen. In einem Topf mit Salzwasser etwa 10 Minuten köcheln lassen. Abgießen und kurz abkühlen lassen.

Ei mit Salz, Pfeffer und Muskat verquirlen. Quark und Johannisbrotkernmehl unterrühren. Blumenkohl hinzufügen und alles mit dem Stabmixer pürieren. Gehackten Schnittlauch und Reibekäse unterrühren.

Waffeleisen erhitzen und mit etwas Butter einfetten. Waffelteig einfüllen und knusprig backen. Aus dem Waffeleisen nehmen und heiß servieren.

300

Tomaten Türmchen

to go

12g	22g	19g	321	35
Kohlenhydrate	Eiweiß	Fett	Kalorien	Minuten

Zutaten

2 Tomaten
50g Zucchini
50g Aubergine
40g Zwiebel
100g Feta
100ml Gemüsebrühe

Zubereitung

Ofen auf 180 °C vorheizen.

Tomaten waschen und jeweils in 4 Scheiben schneiden. Zucchini, Aubergine und Zwiebel ebenfalls in Scheiben schneiden. Feta in 4 Scheiben schneiden.

Tomate, Zucchini, Zwiebel, Feta und Aubergine abwechselnd zu Türmchen aufschichten und mit einem Holzstäbchen fixieren. Alles sollte so zusammengesetzt werden das es wieder eine Tomate ergibt. Die zwei Tomaten Türmchen vorsichtig in eine Auflaufform stellen und die Gemüsebrühe dazu gießen.

Tomaten Türmchen im Ofen für etwa 25 bis 30 Minuten backen.

Tomaten Türmchen aus dem Ofen nehmen und heiß servieren.

Zucchinisuppe

13g
Kohlenhydrate

20g
Eiweiß

24g
Fett

360
Kalorien

30
Minuten

OMEGA 3

Zutaten

300g Zucchini
1 Zwiebel
10g Petersilie
500ml Gemüsebrühe
100g Saure Sahne
1 EL Rapsöl
1 Prise Muskat
1 Prise Salz
1 Prise Pfeffer
frische Petersilie

Zubereitung

Zucchini waschen und würfeln. Zwiebel und Petersilie hacken. Öl in einem Topf erhitzen und Zucchini und Zwiebel darin kurz anbraten.

Petersilie hinzufügen und Gemüsebrühe eingießen. Für etwa 15 Minuten köcheln lassen. Gemüse mit dem Stabmixer fein pürieren.

Saure Sahne einrühren. Alles nochmals erhitzen und mit Salz, Pfeffer und Muskat würzen.

Suppe in eine Schüssel füllen. Mit frischer Petersilie garnieren.

Sellerie-Risotto

13g	27g	13g	318	30
Kohlenhydrate	Eiweiß	Fett	Kalorien	Minuten

Zutaten

400g Knollensellerie
30g Zwiebel
10g Petersilie
20g Crème Fraîche
20g Parmesan
250ml Gemüsebrühe
2 TL Butter
1 Prise Muskat
1 Prise Salz
1 Prise Pfeffer

Zubereitung

Knollensellerie putzen, schälen und fein würfeln. Zwiebel und Petersilie hacken.

1 TL Butter in einem Topf erhitzen. Sellerie und Zwiebeln hinzufügen und kurz anbraten. Gemüsebrühe hinzugeben und alles für etwa 20 Minuten bei schwacher Hitze köcheln lassen.

1 TL Butter, Crème Fraîche, Parmesan und Petersilie unterrühren und alles kurz in der heißen Pfanne unterheben.

Risotto auf einem Teller anrichten und servieren.

Rosenkohl-Ecken

to go

15g	14g	21g	317	25
Kohlenhydrate	Eiweiß	Fett	Kalorien	Minuten

Zutaten

300g Rosenkohl
2 EL Olivenöl
1 TL Honig
1 Prise Paprikapulver
1 Prise Salz
1 Prise Pfeffer
2 EL Sour Cream
1 Prise Kräutersalz

Zubereitung

Ofen auf 180 °C vorheizen. Gitterrost mit Backpapier auslegen.

Rosenkohl putzen und welke Blätter entfernen. Salzwasser zum Kochen bringen und den Rosenkohl darin kurz garen. Abgießen und mit eiskaltem Wasser abschrecken. Danach gut abtropfen lassen.

Öl, Honig, Salz, Pfeffer und Paprikapulver in einer Schüssel vermischen. Rosenkohl hinzufügen und alles miteinander vermengen. Kurz durchziehen lassen.

Rosenkohl auf dem Backpapier verteilen und im Ofen für etwa 15 Minuten backen.

Sour Cream mit Kräutersalz würzen und zum Rosenkohl servieren.

300

Rosenkohl-Linsen-Pfanne

to go

14g
Kohlenhydrate

28g
Eiweiß

22g
Fett

373
Kalorien

35
Minuten

Zutaten

200g Rosenkohl
1/2 Zwiebel
frische Kräuter
40g rote Linsen
1 EL Crème Fraîche
2 EL Rapsöl
200ml Wasser
1 Prise Salz
1 Prise Pfeffer

OMEGA 3

Zubereitung

Rosenkohl putzen und halbieren. Zwiebel und Kräuter hacken.

1 EL Öl in einer Pfanne erhitzen und die Zwiebeln darin kurz andünsten. Linsen hinzufügen und ebenfalls kurz andünsten. Wasser angießen und bei schwacher Hitze etwa 10 bis 15 Minuten köcheln lassen. Eventuell etwas Wasser nachgießen.

In der Zwischenzeit in einer zweiten Pfanne ebenfalls 1 EL Öl erhitzen. Rosenkohl etwa 2 Minuten anbraten und etwa 8 Minuten bissfest garen.

Rosenkohl und Linsen miteinander vermengen. Mit Salz und Pfeffer würzen.

Mit Crème Fraîche und frischen Kräutern garnieren und servieren.

Gemüse-Curry

to go

24g	9g	30g	395	50
Kohlenhydrate	Eiweiß	Fett	Kalorien	Minuten

Zutaten für 4 Portionen

15ml Kokosöl
1 EL Erdnussöl
50g Currypaste
2 Knoblauchzehen
1-2 Zwiebeln
400ml Kokosmilch (1 Dose)
50ml Orangensaft
50ml Sahne
100g Knackerbsen / Brechbohnen
180g Kichererbsen
1 kleine Zucchini
1 Karotte
2 Stangen Frühlingszwiebeln
1 rote Paprika
frische Chilis
1 TL Kurkuma
1 TL Curry
1 TL Xylit
2 TL Salz
1 Prise Pfeffer

Zubereitung

Alles Gemüse schälen, waschen, kleinschneiden und zur Seite stellen.

Kokosöl in einer großen Pfanne oder einem Wok erhitzen. Currypaste und Knoblauch dazugeben und 1 Minute ständig umrühren. Zwiebeln zufügen und alles kurz durchschwenken. Kokosmilch hinzugeben und mit Orangensaft ablöschen. Aufkochen lassen.

Knackerbsen dazugeben und gut verrühren. Restliches Gemüse und Erdnussöl zufügen.

Mit Chili und Gewürzen abschmecken.
Alles auf niedriger Stufe 20 Minuten köcheln lassen.

Am Ende noch Sahne hinzugeben und einrühren. Als Beilage eignet sich entweder eine kleine Portion Naturreis oder ein frischer gemischter Salat.

Zucchini-Pommes

7g	21g	20g	306	20
Kohlenhydrate	Eiweiß	Fett	Kalorien	Minuten

Zutaten für 2 Portionen

2 mittelgroße Zucchini
40g Mandeln (gemahlen)
40g Parmesan
1 Prise Curry
1 Prise Kurkuma
frische Kräuter nach Wahl
1 Ei
1 Prise Meersalz

Zubereitung

Backofen auf 220 °C Umluft vorheizen und ein Backblech mit Backpapier bereitstellen.

Die Zucchinienden abschneiden. Zucchinis in kleine Streifen schneiden. Das klappt am besten, indem man die Zucchini zuerst halbiert und dann in kleine pommesähnliche Stücke schneidet. Anschließend mit Meersalz würzen.

Gemahlene Mandeln zusammen mit dem Parmesan und ein paar Kräutern nach Wahl (Petersilie, Dill oder Schnittlauch) in einer Schüssel vermischen. Dann für Geschmack und Farbe noch Curry und Kurkuma dazu geben.

Ei in eine kleine Schüssel geben und die Pommes anschließend darin wenden, bis alle Pommes mit dem Mandel-Parmesan-Pulver bedeckt sind. Aufs Backblech legen.

Alles wiederholen bis alle Pommes fertig auf dem Backblech liegen.

Für ca. 10 Minuten im Ofen goldbraun backen. Heiß und mit Dip nach Wahl servieren.

Gemüse-Nudelpfanne

16g	6g	19g	260	35
Kohlenhydrate	Eiweiß	Fett	Kalorien	Minuten

Zutaten für 4 Portionen

2 Zucchini
4 Karotten
2 Kohlrabi
10 Cherrytomaten
400ml Kokosmilch (1 Dose)
frischer Koriander
frische Minze
2 scharfe Chilis
40ml Sesamöl
1 Prise grobes Meersalz
1 Prise Pfeffer
1/2 Limette

Zubereitung

Zucchini, Karotten und Kohlrabi waschen und ggf. schälen. Mit einem Spiralschneider zu Gemüsepasta verarbeiten.

Sesamöl in einer großen Pfanne erhitzen und die Gemüsenudeln darin anbraten. Cherrytomaten waschen und halbieren. Chilis hacken und mit den Tomaten zu den Nudeln in die Pfanne geben. Alles mit frischem schwarzem Pfeffer und grobem Meersalz würzen und durchmengen.

Sobald die Nudeln etwas Wasser abgeben, den festen Teil der Kokosmilch (wer möchte kann auch die ganze Dose in die Pfanne geben, dann wird es etwas wässriger) mit in die Pfanne geben und einrühren. Alles eine Weile köcheln lassen und gelegentlich umrühren.

Kurz bevor der Herd ausgestellt wird noch frischen Koriander und den Saft einer halben Limette in die Pfanne geben und nochmals durchmischen. Dann auf vier Teller verteilen und frische Minze darüber geben und mit einer kleine Scheibe Limette verzieren.

Blumenkohl-Schnitzel

5g	14g	24g	317	20
Kohlenhydrate	Eiweiß	Fett	Kalorien	Minuten

Zutaten für 2 Portionen

1 Blumenkohl
3 Eigelb
30ml Olivenöl
5 EL Süßlupinenmehl
frisches Meersalz

Zubereitung

Blumenkohl vom Strunk und den Blätter entfernen. Den Kopf aber sonst am Stück lassen. Mit einem großen und langen Messer von der Mitte des Blumenkohl mehrere Scheiben abschneiden. Von der Dicke etwa einen Zentimeter plus/minus.

Eigelb und das Süßlupinenmehl in zwei separaten flachen Schalen vorbereiten. Eigelb verquirlen.

Das Öl in einer Pfanne erhitzen. Dann jedes Blumenkohl-Schnitzel zuerst in das Eigelb tunken und anschließend im Mehl wenden und dann direkt in die Pfanne geben. Nach kurzer Zeit wenden und von der anderen Seite anbraten.

Mit Salat direkt auf dem Teller anrichten und noch etwas frisches Meersalz darüber bröseln.

Tipp Wegen dem kompletten Kopf Blumenkohl lohnt sich eine Zubereitung für 2 Portionen oder 2 Mahlzeiten.

300

Blumenkohl-Reis mit Gemüse

7g
Kohlenhydrate

11g
Eiweiß

11g
Fett

180
Kalorien

20
Minuten

Zutaten für 2 Portionen

180g Blumenkohlröschen
1 Karotte
1/2 Zucchini
3 EL Sesamöl
2 Eier
1 EL Sojasoße
1 Prise Salz
1 Prise Pfeffer
frischer Koriander

Zubereitung

Blumenkohl vom Strunk entfernen und die Röschen grob kleinschneiden. Alles in einer Küchenmaschine zerkleinern, so dass reisgroße Stücke entstehen. Zur Not kann man den Blumenkohl auch mit einer Reibe kleinmachen oder versuchen ihn mit den Händen grob zu zerbröseln. Alles in eine Schüssel geben und zur Seite stellen.

Die Eier in eine Schüssel schlagen und 1 EL Sesamöl dazu geben. Alles gut vermischen und dann zur Seite stellen.

Gemüse waschen und kleinwürfeln. Wer einen Dampfgarer hat, kann das Gemüse ca. 10 Minuten vorgaren. Wer keinen hat, macht nichts.

2 EL Sesamöl in einer Pfanne erhitzen, das Gemüse dazugeben und anbraten. Vorgegart ca. 1 Minute, roh ruhig ein paar Minuten anbraten und häufig umrühren.

Anschließend den Blumenkohlreis dazu geben. Die Hitze reduzieren und ständig durchrühren.

Nach ca. 3 Minuten Eier darüber geben und Sojasoße dazu. Dann noch Koriander dazu geben und mit Salz und Pfeffer würzen.

Herd ausschalten und das Ei kurz stocken lassen. Alles nochmals gut durchmengen und abschmecken nicht vergessen.

300

Brokkoli-Cheese-Bällchen

to go

2g	10g	7g	109	25
Kohlenhydrate	Eiweiß	Fett	Kalorien	Minuten

Zutaten für 10 Bällchen

OMEGA 3

- 120g Brokkoliröschen
- 90g Mandelmehl
- 30g Leinsamenmehl
- 1 EL Chia-Samen
- 100g Mozzarella, gerieben
- 2 Eier
- 2 TL Backpulver
- 1 Prise Salz
- 1 Prise Pfeffer
- Süßlupinenmehl (für Panade)
- 150ml Sonnenblumenöl

Zubereitung

Den Brokkoli in einer Küchenmaschine zerkleinern. Darf ruhig auch etwas gröber sein. Mandelmehl, Leinsamenmehl, Chia-Samen, Mozzarella und Backpulver miteinander vermischen.

Anschließend die beiden Eier dazu geben und nochmals ordentlich durchmischen. Süßlupinenmehl in eine flache Schüssel geben, damit die Brokkoli-Bällchen darin gewendet werden können.

Mit zwei Esslöffeln immer gleich große Stücke aus dem Teig entfernen und durch Schaben von Löffel zu Löffel kleine Kugeln formen. Dann direkt in das Süßlupinenmehl geben und darin wenden. Wiederholen bis der gesamte Teig verbraucht ist.

Das Öl in einen Topf geben und erhitzen. Erst wenn das Öl heiß ist, die Bällchen Schritt für Schritt mit einem Schöpfer in den Topf geben und ca. 2 bis 3 Minuten frittieren. Dabei mehrere Male wenden. Danach die Bällchen abschöpfen und auf ein Küchentuch zum Abtropfen legen. Alles wiederholen, bis alle Bällchen fertig sind.

Am besten noch warm mit einem Dip nach Wahl servieren.

Auberginen-Pommes-Sticks

13g	17g	13g	258	10
Kohlenhydrate	Eiweiß	Fett	Kalorien	Minuten

Zutaten

1 Aubergine
2 Eigelb
4 EL Süßlupinenmehl
1 EL Rapsöl
1 Prise Salz

Zubereitung

Die Aubergine waschen. Oben und unten abschneiden. Aubergine teilen und in Form von normalen Pommes zuschneiden.

Eine Schüssel mit dem Eigelb bereitstellen. Die Schüssel mit dem Mehl daneben stellen.

Eine Pfanne mit Öl erhitzen. Küchentücher bereitlegen.

Die Auberginen-Sticks zuerst im Eigelb, danach im Süßlupinenmehl wenden. Dann direkt in die heiße Pfanne geben und anbraten lassen. (Das übrige Süßlupinenmehl nicht wegschmeißen, sondern wieder verpacken).

Nach 2 Minuten mit einer Gabel alle Sticks wenden und nochmals anbraten lassen. Je nach Dicke der Sticks, ist es eventuell nötig sie von allen 4 Seiten zu braten.

Auf ein Küchentuch geben und abtropfen lassen. Ruhig auch von oben abtupfen.

In einer kleinen Schale mit einer Prise Salz gewürzt servieren.

300

to go

Überbackenes Gemüse

19g	24g	14g	311	25
Kohlenhydrate	Eiweiß	Fett	Kalorien	Minuten

Zutaten

1 Tomate
2 Champignons
1/2 Aubergine
1 Paprika

50g Parmesan, gerieben
1 Prise Salz
1 Prise Pfeffer

Zubereitung

Backofen vorheizen auf 200 °C Umluft mit Oberhitze. Backblech bereitstellen.

Alle Zutaten in Scheiben schneiden und abwechselnd in einer kleinen backofenfesten Schale schichten. Mit Salz und Pfeffer würzen und mit Parmesan bestreuen.

Den Käse ruhig in die offenen Stellen stopfen.

Für 10 bis 15 Minuten backen.

Tipp Vor dem Servieren mit frischem Thymian und Majoran garnieren. Lecker!

Kohlrabi-Schnitzel

7g	17g	32g	368	30
Kohlenhydrate	Eiweiß	Fett	Kalorien	Minuten

Zutaten

1 Kohlrabi
1 Ei
100g Mandeln (gem.) (Panade)
1 EL Kokosöl
50g Quark
1 Prise Salz
1 Prise Pfeffer
frische Kräuter nach Wahl

Zubereitung

Den Kohlrabi vom Kraut entfernen und mit einem Sparschäler die Schale entfernen. In der Zwischenzeit Wasser in einem Topf zum Kochen bringen. Kohlrabi in kochendem Salzwasser 20 Min köcheln lassen.

Ei in einem tiefen Teller mit Salz und Pfeffer verquirlen, die gemahlenen Mandeln ebenfalls in einen tiefen Teller geben.

Kohlrabi vom Herd nehmen, das Wasser abgießen und etwas abkühlen lassen. Den Kohlrabi quer in ca. 1 cm dicke Scheiben schneiden.

Kohlrabischeiben erst im Ei und anschließend in den Mandeln wälzen. Kokosöl in der Pfanne erhitzen und die Kohlrabi-Schnitzel darin rundherum goldbraun anbraten.

Quark mit etwas Kräutersalz würzen und je nach Belieben Kräuter dazugeben und vermengen. Die Kohlrabi-Schnitzel auf einem Teller anrichten und mit dem Kräuterquark garnieren.

Burger mit Kürbisfleisch

20g Kohlenhydrate
15g Eiweiß
32g Fett
384 Kalorien
60 Minuten

Zutaten für 3 Burger

Burger-Patties
1 Aubergine
1 Zucchini
3 EL Olivenöl
1/2 Hokkaido-Kürbis
1 Stange Lauch
2 EL Kokosmehl
1 Eigelb
1 TL Curry
frischer Koriander

Burger-Belag
frischen Ackersalat
1/2 Avocado
1/2 Feta

Süss-Sauer Soße
2 EL Kokosöl
1 Chilischote
1 Knoblauchzehe
1 TL Essig
6 EL Wasser
2 EL Sojasoße
1 EL Speisestärke
4 EL Tomatensoße

Gewürze
1 Prise Salz
1 Prise Pfeffer
1 Prise Xylit

OMEGA 3

Zubereitung

Sesambrötchen vorbereiten (Rezept auf ▸ Seite 310). Aubergine und Zucchini längs in dünne Scheiben schneiden und auf einem Backblech verteilen. Gut mit 2 EL Olivenöl bestreichen und würzen. Zusammen mit dem Teig der Sesambrötchen in den Backofen schieben. Hokkaido waschen, aufschneiden und entkernen. Den Kürbis mit Schale reiben und in eine große Schüssel geben. Lauch dünn schneiden und in die Schale geben. Kokosmehl, Eigelb, Salz, Pfeffer, Curry und frischen Koriander hinzugeben und gut umrühren. Den Teig (mit Hilfe eines Speise-/Backrings) zu drei Patties formen.

1 EL Olivenöl in eine Pfanne geben und hoch erhitzen. Die Patties in die Pfanne geben und gut braten lassen bis sie goldbraun sind. Zwischendurch wenden. Die gebratenen Patties auf einen Teller geben und zur Seite stellen. Salat waschen, Avocado aufschneiden und in Scheibchen schneiden. Feta in dünne Streifen schneiden. Sesambrötchen in der Mitte aufschneiden und mit Zutaten nach Gusto belegen.

Für die Süss-Sauer Soße eine rote Chili in hauchdünne Ringe schneiden, die Kerne entfernen. In einem Topf Kokosöl erhitzen und die Chili mit dem Knoblauch anbraten und mit dem Essig und Wasser ablöschen. Sojasoße, Speisestärke und Tomatensoße hinzugeben und mit Salz, Pfeffer und Xylit abschmecken. Das Ganze gut abkochen.

Tipp

Als Beilage eignen sich sehr gut leckere **Zucchini-Pommes** auf ▸ Seite 94 oder **Auberginen-Pommes-Sticks** auf ▸ Seite 104

300

Kohlrouladen

28g	8g	12g	284	25
Kohlenhydrate	Eiweiß	Fett	Kalorien	Minuten

Zutaten

1/4 Weißkohl
1 gelbe Paprika
2 Tomaten
40g Quinoa
1 Zwiebel
1 Knoblauchzehe

1 Prise Salz
1 Prise Pfeffer
1 Prise Curry
1 Prise Kurkuma
10g Butter
1 Prise schwarzes Salz

Zubereitung

Blätter von dem Weißkohl vorsichtig entfernen und waschen.

Die Blätter in einen Topf mit kochendem und gesalzenem Wasser geben und etwa 3 Minuten blanchieren. Quinoa in heißem Salzwasser etwa 10 Minuten quellen lassen.

Paprika und Tomaten waschen und in kleine Würfel schneiden. Zwiebel und Knoblauch in einer Pfanne andünsten, ein paar rohe Blätter von dem Kohl klein schneiden und alles in die Pfanne geben und den gequellten Quinoa dazugeben, gut vermengen und nach Belieben würzen.

Die blanchierten Kohlblätter in einem Sieb abtropfen lassen und zu Rouladen verarbeiten. Dazu einfach die Quinoa-Paprika-Kohl-Tomaten Mischung auf die Blätter geben, zusammenfalten und mit Zahnstochern fixieren. Die Rouladen dann in Butter in einer Pfanne von jeder Seite gut anschmelzen und direkt servieren.

Der Rest der Füllung kann mit den Rouladen serviert werden. Als Highlight kann man die Rouladen mit etwas schwarzem Salz bestreuen.

Vegetarische Frikadellen

to go

20g
Kohlenhydrate

13g
Eiweiß

12g
Fett

257
Kalorien

32
Minuten

Zutaten für 2 Portionen

1 Zucchini
1/2 Kohlrabi
2 Karotten
1 rote Paprika
2 Stangen Frühlingszwiebeln
1 Champignon
2 EL Flohsamenschalen
2 Eier
2 EL Olivenöl
1 Prise Salz

Zubereitung

Gemüse waschen und entkernen.

Champignon und die Paprika mit einem scharfen Messer in möglichst kleine Würfel schneiden.

Karotten, Kohlrabi, Zucchini mit einer Vierkantreibe (oder einem passenden Küchengerät) kleinreiben. In Schüsseln sammeln oder direkt in eine große Schale geben. Die Zucchini extra in einer Schale belassen.

Zucchini entwässern: Zucchini in ein Küchentuch geben und per Hand ausdrücken.

Eier, Salz und Flohsamenschalen dazu geben und alles vermischen. Für ca. 10 Minuten zum Quellen stehen lassen.

Olivenöl in einer Pfanne erhitzen. Hitze auf mittlere Stufe stellen. Per Hand kleine Frikadellen formen und in die Pfanne legen. Von beiden Seiten mindestens 6 Minuten bei mittlerer Hitze braten. Immer schön aufpassen und ggf. wenden bevor etwas anbrennt.

Tipp

Mit Beilage nach Wunsch servieren.
Zum Beispiel einem selbstgemachten Dip ab ▸ Seite 318.

Gefüllte Paprika mit Ei

15g
Kohlenhydrate

12g
Eiweiß

9g
Fett

202
Kalorien

65
Minuten

Zutaten

- 1 Paprika
- 1 Ei
- 1 Schalotten
- 1/2 Knoblauchzehe
- 50g Kirschtomaten
- 100g Blattspinat
- 1/2 Zitrone
- frische Petersilie
- 1 TL Olivenöl
- 1 Prise Salz
- 1 Prise Pfeffer
- 75ml Wasser

Zubereitung

Ofen auf 200 °C vorheizen.

Paprika waschen. Das obere Viertel abschneiden, alles entkernen und in eine Auflaufform stellen.

Tomaten, Petersilie, Zitrone und Spinat ebenfalls waschen und gut trocknen.

Schalotten, Knoblauch und Petersilie hacken. Die Schale der Zitrone fein abreiben. Eine Zitronenhälfte auspressen.

Olivenöl in einem Topf erhitzen und Schalotten und Knoblauch darin etwa 1 Minute anbraten. Tomaten, Zitronenschale und Zitronensaft hinzugeben und etwa 5 Minuten bei mittlerer Hitze schmoren lassen. Wasser, Spinat und Petersilie in den Topf geben, mit Salz und Pfeffer würzen und etwa 5 Minuten köcheln lassen.

Die Paprika mit der Spinat-Mischung füllen. Übrige Flüssigkeit aus dem Topf um die Paprika gießen. Alles in den Ofen schieben. Nach 15 Minuten Backzeit ein aufgeschlagenes Ei in die Paprikaschote geben, den Paprikadeckel aufsetzen und 30 Minuten weiter backen. Auf einem Teller anrichten mit Salz und Pfeffer würzen.

Wraps mit Gemüse

to go

7g	19g	15g	251	30
Kohlenhydrate	Eiweiß	Fett	Kalorien	Minuten

Zutaten für 3 Wraps

Wraps
2 Karotten
2 Eier
2 EL Mandelmehl
75g Emmentaler, gerieben
1 Prise Salz
1 Prise Pfeffer

Belag
6 Cherrytomaten
frischer Rucola
20g Mozzarella
etwas Ketchup

Zubereitung

Backofen Umluft auf 200 °C vorheizen und ein Backblech mit Backpapier bereitstellen.

Karotten schälen. Mit einer Küchenmaschine fein zerkleinern oder selbst grob reiben. Ich habe die Karotten anschließend in meinem Dampfgarer für gut 20 Minuten gegart. Wer keinen Dampfgarer zuhause hat, kann die Karotten auch in eine Schüssel geben und leicht mit Wasser bedecken und anschließend für ca. 5 Minuten in die Mikrowelle.

Wichtig: Nach dem Garen/der Mikrowelle die Karotten in ein Küchentuch geben und nach kurzer Abkühlzeit mit den Händen ausdrücken. Es sollte so viel Wasser wie möglich aus den Karotten gepresst werden. Ansonsten werden die Wraps nach dem Backen nicht fest genug.

Die ausgedrückten und entwässerten Karotten werden dann mit den Eiern, Mandelmehl und dem geriebenen Käse gemischt. Würzen und abschmecken.

Die Masse in drei Teile teilen und per Hand auf dem Backblech rund verteilen und platt drücken. Aus der Masse sollten sich in etwa drei Wraps formen lassen (mit etwa 15cm Durchmesser), welche auch problemlos auf ein Backblech passen.

Alles für ca. 15 Minuten backen. Danach aus dem Ofen nehmen und abkühlen lassen.

Cherrytomaten, Rucola und Mozzarella waschen. Tomaten halbieren und Mozzarella kleinschneiden. Alles gleichmäßig auf den Wraps verteilen und noch etwas drüber würzen. Wer möchte gibt einen Spritzer Ketchup über die Wraps.

300

Ofenchampignons mit Gemüse

11g	9g	16g	235	30
Kohlenhydrate	Eiweiß	Fett	Kalorien	Minuten

Zutaten

100g Champignons
200 g Blumenkohl
50g Paprika
100g Cherrytomaten
2 EL Olivenöl
frische italienische Kräuter
1 Prise Salz
1 Prise Pfeffer
1 Prise Chiliflocken

Zubereitung

Ofen auf 200 °C vorheizen.

Blumenkohl putzen und in Röschen zerteilen. Paprika in Stücke schneiden. Cherrytomaten waschen und Pilze putzen.

Gemüse in eine Schüssel geben. Mit Salz, Pfeffer und Chiliflocken würzen. Italienische Kräuter und Olivenöl hinzufügen. Alles gut miteinander vermengen und etwas ziehen lassen. Gemüse in eine kleine Auflaufform füllen und für 25 bis 30 Minuten backen. Aus dem Ofen nehmen und noch heiß servieren.

Hauptgerichte

ab 400 kcal

Frischkäse-Champignons

6g
Kohlenhydrate

17g
Eiweiß

36g
Fett

440
Kalorien

45
Minuten

Zutaten

5 Champignons
1/2 Zwiebel
100g Blattspinat
30g Reibekäse
50g Frischkäse
30ml Sahne
1 TL Butter
50ml Gemüsebrühe
frische Petersilie
1 Prise Salz
1 Prise Pfeffer

Zubereitung

Ofen auf 200 °C vorheizen.

Champignons putzen, den Stil heraustrennen und diesen fein hacken. Zwiebel ebenfalls hacken.

Butter in einer Pfanne erhitzen. Gehackte Champignons und Zwiebel darin für etwa 3 Minuten andünsten. Spinat hinzufügen und alles für weitere 5 Minuten dünsten.

Frischkäse hinzufügen uns schmelzen lassen. Mit Salz, Pfeffer und Muskat würzen und alles gut miteinander vermengen.

Champignons mit der Spinat-Frischkäse-Masse füllen und in eine kleine Auflaufform stellen. Käse über die Champignons streuen. Sahne und Gemüsebrühe mischen und in die Auflaufform gießen. Im Ofen für etwa 25 Minuten überbacken.

Mit frischer Petersilie garnieren und heiß servieren.

Porridge

19g	17g	26g	430	15
Kohlenhydrate	Eiweiß	Fett	Kalorien	Minuten

Zutaten

50g Himbeeren
50g Blaubeeren
30g Kokosmehl
1 EL Mandeln, gemahlen
1 EL Dinkelkleie
1 EL Leinsamen, geschrotet
1/2 EL Flohsamenschalen
1 EL Xylit
150ml Kokosdrink
100ml Wasser
1 EL Kokoschips
10g Haselnüsse

Zubereitung

Kokosdrink und Wasser in einem Topf zum Kochen bringen.

Gemahlene Mandeln, Kokosmehl, geschrotete Leinsamen, Flohsamenschalen, Dinkelkleie und Xylit in einer Schüssel miteinander vermengen. Zur Kokosmilch in den Topf geben, einrühren und kurz köcheln lassen.

Porridge vom Herd nehmen. Beeren waschen, zum Porridge geben und gut unterrühren. Mit Kokoschips und Nüssen garnieren und warm servieren.

400

Blumenkohl-Käse-Suppe

13g	30g	33g	499	30
Kohlenhydrate	*Eiweiß*	*Fett*	*Kalorien*	*Minuten*

OMEGA 3

Zutaten

250g Blumenkohl
30g Zwiebel
frische Petersilie
1 EL Rapsöl
400ml Gemüsebrühe
100ml Milch
80g Reibekäse
1 Prise Salz
1 Prise Pfeffer
1 Prise Muskat

Zubereitung

Blumenkohl in Röschen zerteilen. Petersilie und Zwiebel hacken.

Rapsöl in einem Topf erhitzen. Zwiebel darin andünsten. Blumenkohl hinzufügen und kurz anbraten.

Gemüsebrühe angießen und etwa 15 Minuten köcheln lassen.

Milch in den Topf gießen. Mit Salz, Pfeffer und Muskat würzen und alles mit dem Stabmixer gut pürieren.

Reibekäse zur Suppe geben und unter Rühren schmelzen lassen. Zum Schluss die frische Petersilie unterrühren und heiß servieren.

Auberginen-Taler mit Parmesan

12g
Kohlenhydrate

42g
Eiweiß

21g
Fett

415
Kalorien

35
Minuten

Zutaten

1 Aubergine
1 Ei
25g Mandelmehl
50g Parmesan
1/2 TL Italienische Kräuter
1 Prise Salz
1 Prise Pfeffer
1 Prise Chiliflocken

Zubereitung

Ofen auf 200 °C vorheizen. Backblech mit Backpapier auslegen.

Parmesan mit dem Mandelmehl und den italienischen Kräutern auf einen Teller geben. Mit Salz, Pfeffer und Chiliflocken würzen und alles gut miteinander vermengen.

Ei aufschlagen und auf einen weiteren Teller geben.

Aubergine in etwa 1cm dicke Scheiben schneiden. Erst im Ei und anschließend in der Parmesan-Mischung wenden.

Auberginen-Taler auf das Backblech legen. Im Ofen für 10 Minuten backen. Wenden und weitere 10 Minuten backen. Aus dem Ofen nehmen und heiß servieren.

Lauch-Käse-Suppe

14g	14g	36g	450	15
Kohlenhydrate	Eiweiß	Fett	Kalorien	Minuten

Zutaten

200g Lauch
30g Zwiebel
frische Petersilie
1 TL Butter
500ml Gemüsebrühe
3 Schmelzkäse-Ecken je 30g
1 Prise Salz
1 Prise Pfeffer
1 Prise Muskat

Zubereitung

Lauch putzen und in Ringe schneiden. Petersilie und Zwiebel hacken.

Butter in einem Topf erhitzen, Zwiebel hinzufügen und kurz anbraten. Lauch ebenfalls in den Topf geben und kurz mit braten. Gemüsebrühe angießen und alles für etwa 10 Minuten köcheln lassen.

Hitze reduzieren. Den Schmelzkäse in die Suppe geben und schmelzen lassen. Mit Salz, Pfeffer und Muskat würzen und alles gut miteinander verrühren. Zum Schluss die gehackte Petersilie einrühren.

400

Spinatsalat mit knusprigem Tofu

16g
Kohlenhydrate

28g
Eiweiß

34g
Fett

470
Kalorien

20
Minuten

Zutaten

50g Babyspinat
20g Sprossen
50g Radieschen
10g Cashewkerne
150g Tofu
2 EL Rapsöl
1 EL Sojasauce
1 EL Limettensaft
1 TL Honig
1 Prise Salz
1 Prise Pfeffer
1 Prise Chiliflocken

Zubereitung

Babyspinat waschen und trocken schütteln. Radieschen putzen und in Scheiben schneiden. Tofu trocken tupfen und in Würfel schneiden.

Für das Dressing 1 EL Öl mit Honig, Sojasauce und Limettensaft verrühren. Mit Salz, Pfeffer und Chiliflocken würzen.

1 EL Öl in einer Pfanne erhitzen. Tofu in die Pfanne geben, salzen und rundherum knusprig anbraten.

Spinat und Radieschen auf einem Teller anrichten und das Dressing darüber träufeln. Mit den Sprossen, dem Tofu und den Cashewkernen garnieren und servieren.

400

Brokkoli-Küchlein

9g
Kohlenhydrate

34g
Eiweiß

34g
Fett

490
Kalorien

25
Minuten

OMEGA 3

Zutaten

- 100g Brokkoli
- frischer Schnittlauch
- 2 Eier
- 100g Ricotta
- 20g Parmesan
- 1/2 TL Johannisbrotkernmehl
- 1 EL Rapsöl
- 1 Prise Muskat
- 1 Prise Salz
- 1 Prise Pfeffer
- 2 TL Sour Cream

Zubereitung

Brokkoli in Röschen zerteilen und in kochendem Salzwasser etwa 5 Minuten garen. Abgießen und mit kaltem Wasser abschrecken. In kleine Stücke hacken.

Eier trennen. Eiweiß steif schlagen. Eigelb mit Ricotta, Johannisbrotkernmehl und Parmesan verrühren. Mit Salz, Pfeffer und Muskat würzen. Schnittlauch hacken und unterrühren. Eischnee unterheben. Zum Schluss die Brokkolistückchen hinzufügen und einrühren.

Öl in einer Pfanne erhitzen. Teig für ein Küchlein in die Pfanne geben und bei schwacher Hitze von jeder Seite etwa 3 Minuten braten. Vorgang wiederholen und die fertigen Küchlein so lange warm stellen.

Die Brokkoli-Küchlein mit einem Klecks Sour-Cream servieren.

400

Curry-Blumenkohl

to go

8g	18g	40g	490	30
Kohlenhydrate	Eiweiß	Fett	Kalorien	Minuten

Zutaten

200g Blumenkohl
30ml Olivenöl
etwas Curry
1 Prise Kurkuma
1 Prise Salz
1 Prise Pfeffer
40g Käse, gerieben
frische Petersilie
frischer Basilikum

Zubereitung

Backofen auf 180 °C Umluft vorheizen und ein Backblech mit Backpapier bereitlegen.

Blumenkohlröschen abschneiden und in eine Plastiktüte geben. Öl und Gewürze dazu geben. Tüte mit der Hand umfassen/verschließen und durch die kleine Öffnung der Hand Luft in die Tüte pusten, so verteilen sich Öl und Gewürze leichter. Alles kräftig schütteln.

Wenn keine Plastiktüte zur Hand, einfach alles in einer Schüssel sehr gut durchmischen.

Dann auf das Backblech geben und mit dem Käse bestreuen. Für ca. 20 Minuten backen.

Aus dem Ofen nehmen und nochmal etwas salzen und mit frischer Petersilie und/oder Basilikum bestreuen.

400

Gemüse-Avocado Zoodles

to go

19g	20g	26g	428	15
Kohlenhydrate	Eiweiß	Fett	Kalorien	Minuten

Zutaten für 2 Portionen

2 Zucchini
2 Karotten
1 Avocado
10ml Sojasoße
10ml Olivenöl
75g Parmesan, gerieben
1 Prise Pfeffer

Zubereitung

Zucchinis und Karotten waschen und vom Stunk entfernen. Karotten schälen. Mit einem Spiralschneider drehen um Gemüsepasta herzustellen. Alles in eine Schüssel drehen.

Avocado halbieren und den Kern entfernen. Das Fleisch der Avocado aus der Schale entfernen und in kleine Würfel schneiden. Zu den Zoodles in die Schale geben und durchmengen. Einen Schuss Sojasoße dazu geben und alles durchmischen.

Olivenöl in einer Pfanne erhitzen, den Inhalt der Schüssel in die heiße Pfanne geben und alles ein paar Minuten anbruzzeln. Gelegentlich durchrühren.

Kurz bevor ihr die Pfanne vom Herd nehmt, alles mit Parmesan überstreuen und nochmal kurz durchmengen. Der Parmesan verbindet sich mit Öl und dem Saft der Avocado zu einer super leckeren Soße. Salz ist keines mehr notwendig.

Kurz pfeffern und abschmecken. Fertig!

400

Gnocchi aus Blumenkohl

to go

8g
Kohlenhydrate

40g
Eiweiß

21g
Fett

405
Kalorien

30
Minuten

Zutaten für 2 Portionen

1/2 Blumenkohl
30g Kokosmehl
200g Mandelmehl
5 Eigelb
1 Prise Muskat
3 EL Guarkernmehl
1 Prise Salz

1 EL Olivenöl
1/2 Zwiebel
1 Knoblauchzehe
frische Petersilie
200ml saure Sahne
40g Parmesan

Zubereitung

Blumenkohl vom Strunk entfernen, vierteln und in einem Topf kurz aufkochen und 5 Minuten ziehen lassen. Alles in einem Mixer oder einer Küchenmaschine sehr fein zerkleinern und dann in eine Schüssel geben. Eigelb, Guarkernmehl, Mandel- und Kokosmehl, Salz und Muskat dazu geben und alles ordentlich vermengen.

Die Arbeitsfläche mit etwas Mehl bemehlen (kann auch normales sein), damit der Teig nicht kleben bleibt. Teig auf der Arbeitsfläche zu Rollen formen, die ca. 30cm lang und 1cm breit sind. Mit einem Messer ca. 1 cm breite Stücke abtrennen.

Eine Gabel mit heißem Wasser befeuchten und die Kugeln platt drücken. Die Gabel muss feucht sein, damit sie sich nach dem Drücken wieder vom Teig löst. Einen großen Topf mit Wasser zum Kochen bringen und leicht salzen. Nun bei mittlerer Stufe (der Teig soll im Wasser nur ziehen und nicht kochen) die Gnocchis ins Wasser geben und einmal vorsichtig durchrühren. Wenn die Gnocchis an die Wasseroberfläche aufsteigen sind sie fertig. Abschöpfen und zur Seite stellen. Wiederholen, bis alle Gnocchis fertig sind.

Die Zwiebel in einem Topf mit Öl erhitzen und glasig braten. Zerkleinerte Knoblauchzehe dazu geben. Mit saurer Sahne ablöschen und würzen. Dann Parmesan unterrühren. Die Gnocchis und frische Petersilie dazu geben und durchschwenken. Nochmal abschmecken und fertig!

400

Pfifferling-Bohnen-Pfanne

15g
Kohlenhydrate

9g
Eiweiß

29g
Fett

382
Kalorien

30
Minuten

Zutaten

150g Pfifferlinge
100 g grüne Bohnen
1 rote Zwiebel
1/2 Bund Petersilie
30g Crème Fraîche
100ml Kochsahne
1 TL Butter
1 Prise Salz
1 Prise Pfeffer

Zubereitung

Pfifferlinge vorsichtig putzen. Petersilie und Zwiebel hacken. Bohnen putzen und die holzigen Enden entfernen.

Salzwasser in einem Topf zum Kochen bringen. Die Bohnen hineingeben und etwa 7 Minuten garen lassen. Abgießen und zur Seite stellen.

Butter in einer Pfanne erhitzen. Zwiebel darin glasig andünsten. Pfifferlinge hinzufügen und rundherum anbraten.

Crème Fraîche und Sahne in die Pfanne geben und aufkochen lassen. Mit Salz und Pfeffer würzen und kurz köcheln lassen. Gehackte Petersilie hinzufügen und unterrühren.

Bohnen in die Pfanne geben und kurz warm werden lassen. Vom Herd nehmen und heiß servieren.

Auberginenröllchen mit Feta

26g	29g	20g	420	30
Kohlenhydrate	Eiweiß	Fett	Kalorien	Minuten

Zutaten

- 1/2 Aubergine
- 1 EL Tomatenmark
- 100g Tomaten, gehackte
- 100g Tomaten, passierte
- 1 rote Zwiebel
- 1 TL Italienische Kräuter
- 1 Prise Salz
- 1 Prise Pfeffer
- 60g Feta
- 30g Parmesan

Zubereitung

Ofen auf 200 °C vorheizen.

Zwiebel hacken. Öl in einen Topf geben und die Zwiebel darin andünsten. Gehackte und passierte Tomaten hinzufügen. Mit Salz, Pfeffer und Chiliflocken würzen. Italienische Kräuter dazugeben und unterrühren. Alles für etwa 10 Minuten leicht köcheln lassen.

Aubergine waschen. Die runden Enden abschneiden, hacken und zur Tomatensoße geben. Die restliche Aubergine in feine Scheiben schneiden.

Salzwasser zum Kochen bringen und die Auberginenscheiben darin etwa 3 Minuten blanchieren. Abgießen und abschrecken.

Auberginenscheiben trocken tupfen und salzen und pfeffern.

Feta in Stifte schneiden, auf die Auberginenscheiben legen und vorsichtig einrollen.

Tomatensoße in eine kleine Auflaufform füllen. Auberginenröllchen auf die Tomatensoße legen und Parmesan darüberstreuen. Im Ofen für etwa 15 bis 20 Minuten überbacken.

Aus dem Ofen nehmen und noch heiß servieren.

Hauptgerichte

ab 500 kcal

Shakshuka

26g	30g	33g	535	40
Kohlenhydrate	Eiweiß	Fett	Kalorien	Minuten

Zutaten

1 Ei
1 Zwiebel
1 rote Paprika
200g geschälte Tomaten
100g Feta
1 EL Olivenöl
5g Paprikagewürz
1 Prise Chiliflocken
1 Prise Kümmel
1 Prise Pfeffer
etwas Koriander

Zubereitung

Ofen auf 180 °C vorheizen.

Paprika und Zwiebel würfeln und in Olivenöl andünsten. Paprikapulver, Kümmel und Chili hinzufügen und kurz anbraten.

Dosentomaten in die Pfanne geben. Mit Salz und Pfeffer würzen und etwa 10 Minuten köcheln lassen. Feta würfeln und unterrühren. In eine Auflaufform füllen oder in der ofenfesten Pfanne lassen. Ei hineinschlagen und im Ofen für etwa 20 Minuten stocken lassen.

Shakshuka aus dem Ofen nehmen. Mit frischem Pfeffer und gehacktem Koriander garnieren und heiß servieren.

500

Gratinierter Feta mit Gemüse

17g	25g	39g	530	30
Kohlenhydrate	Eiweiß	Fett	Kalorien	Minuten

Zutaten

1 Zucchini
1/2 Paprika
5 Cherrytomaten
40g Oliven
100g Feta

1 EL Zitronensaft
2 EL Olivenöl
1 Prise Salz
1 Prise Pfeffer
etwas Zitronenabrieb

Zubereitung

Ofen auf 200 °C vorheizen.

Paprika und Zucchini waschen und in Stücke schneiden. Cherrytomaten halbieren und Feta fein hacken.

Gemüse und Oliven in eine kleine Auflaufform füllen. Olivenöl und Zitronensaft darüber träufeln. Zitronenabrieb über dem Gemüse verteilen und alles mit Salz und Pfeffer würzen. Feta darüber streuen und im Ofen für etwa 20 Minuten backen.

Gratinierten Feta aus dem Ofen nehmen und noch heiß servieren.

Spargel-Frittata

11g
Kohlenhydrate

35g
Eiweiß

34g
Fett

500
Kalorien

25
Minuten

Zutaten

200g Spargel
1 Lauchzwiebel
3 Eier
50ml Milch
30g Parmesan
1 EL Rapsöl
frische Petersilie
1 Prise Salz
1 Prise Pfeffer

OMEGA 3

Zubereitung

Die holzigen Enden des Spargels abschneiden und den Rest in Stücke schneiden. Frühlingszwiebel hacken.

Eier und Milch verquirlen. Mit Salz und Pfeffer würzen. Parmesan hinzufügen und unterrühren.

Öl in einer Pfanne erhitzen. Spargel und Lauchzwiebel in die Pfanne geben und kurz anbraten.

Ei-Parmesan-Mischung über den Spargel gießen und bei sehr niedriger Temperatur langsam stocken lassen. Vorsichtig aus der Pfanne nehmen und mit frischer Petersilie garnieren.

Blumenkohl-Spargel Risotto

14g
Kohlenhydrate

22g
Eiweiß

42g
Fett

540
Kalorien

30
Minuten

Zutaten

250g Blumenkohl
150g grüner Spargel
40g Zwiebel
20g Kresse
2 EL Olivenöl
100ml Gemüsebrühe
50ml Sahne
30g Parmesan
1 Prise Salz
1 Prise Pfeffer
frische Kresse

Zubereitung

Blumenkohl in Röschen zerteilen. Im Küchenhäcksler zerkleinern.

Zwiebel hacken und in einem Topf mit 1 EL Olivenöl glasig andünsten. Blumenkohl hinzufügen und kurz anbraten. Gemüsebrühe angießen und für etwa 10 Minuten köcheln lassen.

Sahne zum Blumenkohl geben und alles für weitere 5 Minuten garen.

In der Zwischenzeit den Spargel in Stücke schneiden. 1 EL Olivenöl in einer Pfanne erhitzen und den Spargel darin andünsten.

Parmesan zum Risotto geben und unterrühren. Mit Salz und Pfeffer würzen. Spargel hinzufügen, alles miteinander vermengen und kurz ziehen lassen.

Risotto auf einem Teller anrichten und frische Kresse darüberstreuen.

Gefüllte Paprika

12g	28g	37g	505	35
Kohlenhydrate	*Eiweiß*	*Fett*	*Kalorien*	*Minuten*

Zutaten

1 Paprika
60g Kirschtomaten
80g Brokkoli
2 Eier
50ml Sahne
40g Reibekäse
1/2 TL Kräuter der Provence
1 Prise Salz
1 Prise Pfeffer
1 Prise Muskat
1 TL Öl

Zubereitung

Ofen auf 200 °C vorheizen. Eine Auflaufform mit Öl einfetten.

Paprika längs halbieren, die Kerne und die weißen Innenhäute entfernen. Brokkoli in sehr kleine Röschen zerteilen und die Kirschtomaten vierteln.

Eier und Sahne miteinander verquirlen. Kräuter der Provence unterrühren und alles mit Salz, Pfeffer und Muskat würzen.

Die Paprikahälften in die Auflaufform legen und mit Brokkoli und Tomaten befüllen. Ei-Sahne-Mischung vorsichtig hinein gießen. Reibekäse darüber streuen und im Ofen für etwa 25 Minuten backen.

Brokkoli-Blumenkohl-Mix

to go

12g	25g	40g	540	40
Kohlenhydrate	Eiweiß	Fett	Kalorien	Minuten

Zutaten

200g Brokkoli
200g Blumenkohl
50g Reibekäse
3 EL Olivenöl
1 TL Currypulver
1 Prise Chiliflocken
1 Prise Salz
1 Prise Pfeffer

Zubereitung

Ofen auf 200 °C vorheizen.

Öl, Currypulver und Chiliflocken in eine Schüssel geben und miteinander verrühren. Reibekäse hinzufügen und alles gut miteinander vermischen.

Brokkoli und Blumenkohl in kleine Röschen zerteilen und zu dem Curry-Käse-Mix geben. Alles gut miteinander vermengen und in eine Auflaufform geben. Mit Salz und Pfeffer würzen.

Gemüse mit Alufolie abdecken und im Ofen für 15 bis 20 Minuten backen. Aus dem Ofen nehmen, Alufolie entfernen, alles nochmals durchmischen und für weitere 15 Minuten im Ofen backen. Anschließend heiß servieren.

Protein-Pancakes

12g	64g	27g	568	25
Kohlenhydrate	Eiweiß	Fett	Kalorien	Minuten

Zutaten

- 2 Eier
- 30g Mandelmehl
- 40g Vanille-Proteinpulver
- 130ml Milch
- 1 Prise Zimt
- 1 TL Kokosöl

Zubereitung

Eier trennen und das Eiweiß richtig steif schlagen. Den Rest der Zutaten in einer extra Schale vermischen. Eiweiß unterheben.

Kokosöl in einer Pfanne erhitzen und gut verteilen. Dann die Hitze auf die mittlere Stufe reduzieren und kurz warten.

Teig in kleinen Portionen in die Pfanne geben und vorsichtig und mit Gefühl mit einem Löffel zu kleinen Pancakes ausstreichen. In einer großen Pfanne sind 2-3 Pancakes pro Durchgang möglich.

Wenn sich der Pfannkuchen beim Rütteln an der Pfanne komplett am Stück bewegt kannst du langsam ans Wenden denken. Verwende zum Beispiel einen Kochlöffel oder Pfannen-Schaber.

Gib dem Pfannkuchen ein paar Minuten auf der zweiten Seite.

Die fertigen Pancakes auf einen Teller stapeln und dann direkt mit gewünschtem Topping servieren.

Gemüßespieße mit Ziegenkäse

9g
Kohlenhydrate

23g
Eiweiß

44g
Fett

530
Kalorien

20
Minuten

Zutaten

100g Ziegenkäse
70g Zucchini
50g Paprika
4 Kirschtomaten
2 EL Olivenöl
1 EL Wasser
1/2 TL Paprikapulver
1/2 TL Italienische Kräuter
1 Prise Salz
1 Prise Pfeffer

Zubereitung

Ofen auf 200 °C vorheizen. Backblech mit Backpapier auslegen. Gemüse waschen. Zucchini, Paprika und Ziegenkäse in Stücke schneiden.

Für die Marinade Olivenöl, Wasser, Paprikapulver und Kräuter in eine Schüssel geben und verrühren. Salz und Pfeffer hinzufügen und unterrühren.

Paprika, Zucchini und Ziegenkäse mit der Marinade vermengen und kurz ziehen lassen.

Gemüse, Tomaten und Ziegenkäse abwechselnd auf zwei Holzspieße aufspießen und auf das Backblech legen. Im Ofen für etwa 10 bis 15 Minuten backen. Heiß servieren.

Taco

to go

15g
Kohlenhydrate

27g
Eiweiß

34g
Fett

520
Kalorien

25
Minuten

Zutaten

OMEGA 3

1 Ei
20g Mandelmehl
30g Reibekäse
1/2 Avocado
50g Gurke
2 Tomaten
2 große Blätter Salat
20g Joghurt
1 EL Olivenöl
etwas Zitronensaft
1 TL Senf
1 TL Honig
1 Prise Salz
1 Prise Pfeffer

Zubereitung

Ofen auf 200 °C vorheizen. Backblech mit Backpapier auslegen.

Für den Taco-Teig das Ei mit etwas Salz und dem Mandelmehl gut verrühren. Reibekäse hinzufügen und unterrühren. Den Teig kreisförmig auf das Backblech streichen und im Ofen für etwa 15 Minuten backen.

Gemüse und Salat waschen und in Stücke schneiden. Avocado halbieren, entkernen, Schale entfernen und das Innere in Stücke schneiden und mit etwas Zitronensaft beträufeln.

Für das Dressing Senf, Honig, Öl, Joghurt und etwas Zitronensaft miteinander verrühren. Mit Salz und Pfeffer würzen.

Taco aus dem Ofen nehmen und sofort warm in der Mitte zusammenfalten. Befüllen und mit dem Dressing beträufeln.

Avocado-Käse-Omelette

10g
Kohlenhydrate

29g
Eiweiß

43g
Fett

590
Kalorien

20
Minuten

Zutaten

2 Eier
2 EL Milch
50g Paprika
1/2 Avocado
20g Zwiebel
etwas Zitronensaft
frischer Schnittlauch

1 EL Balsamico
50g Reibekäse
1 EL Rapsöl
1 Prise Salz
1 Prise Pfeffer
1 Prise Chiliflocken

Zubereitung

Ofen auf 200 °C vorheizen.

Zwiebel und Schnittlauch hacken. Paprika würfeln. Avocado halbieren, entkernen und in Stücke schneiden. Mit Zitronensaft beträufeln.

Zwiebel, Paprika und Avocado in eine Schüssel geben. Balsamico hinzufügen und mit Salz, Pfeffer und Chiliflocken würzen. Vorsichtig vermengen.

Öl in einer Pfanne erhitzen. Eier mit Milch verquirlen. Mit Salz und Pfeffer würzen und den Schnittlauch unterrühren. In die Pfanne gießen und bei schwacher Hitze langsam stocken lassen.

Omelette aus der Pfanne nehmen und vorsichtig in eine kleine Auflaufform gleiten lassen. Die Paprika-Avocado-Mischung auf das Omelette geben und zusammen klappen. Den Reibekäse darüber streuen und im Ofen für etwa 10 Minuten überbacken.

Aus dem Ofen nehmen und noch heiß servieren.

Spinat-Avocado-Suppe

15g
Kohlenhydrate

12g
Eiweiß

38g
Fett

520
Kalorien

30
Minuten

Zutaten

100g Babyspinat
1/4 Knollensellerie
1/2 Lauch
1/2 Avocado
350ml Gemüsebrühe
50ml Kochsahne
1 EL Olivenöl
1 EL Zitronensaft
etwas Zitronenabrieb
1 Prise Salz
1 Prise Pfeffer
1 Prise Muskat
1 TL Kerne-Mix
1 EL Crème Fraîche

OMEGA 3

Zubereitung

Lauch putzen und in Ringe schneiden. Knollensellerie schälen und würfeln. Olivenöl in einem Topf erhitzen und beides darin anbraten. Abrieb einer Zitrone hinzufügen und mitbraten.

Gemüsebrühe angießen und alles für etwa 10 Minuten köcheln lassen. Spinat hinzufügen und zerfallen lassen. Avocado halbieren, zerkleinern, mit Zitronensaft beträufeln und hinzufügen.

Das Gemüse mit dem Stabmixer pürieren. Sahne unterrühren. Mit Salz, Pfeffer und Muskat abschmecken.

Suppe mit einem Klecks Crème Fraîche garnieren und gemischte Kerne darüber streuen.

500

Ziegenkäse mit Gemüse

16g	26g	35g	504	25
Kohlenhydrate	Eiweiß	Fett	Kalorien	Minuten

Zutaten

100g Ziegenkäse
50g Paprika
50g Champignons
100g Zucchini
40g Zwiebel
100g Aubergine
200g gehackte Tomaten
1 EL Olivenöl
1 TL Kräuter der Provence
1 Prise Salz
1 Prise Pfeffer
1 Prise Chiliflocken

Zubereitung

Ofen auf 200 °C vorheizen. Kleine Auflaufform bereit stellen.

Gemüse putzen und in Stücke schneiden. Zwiebel hacken und Ziegenkäse in Scheiben schneiden.

Olivenöl in einer Pfanne erhitzen. Zwiebel und Gemüse darin kurz anbraten. Gehackte Tomaten hinzufügen. Mit Salz, Pfeffer und Chiliflocken würzen und Kräuter der Provence einrühren. Alles für einige Minuten köcheln lassen.

Das Gemüse in eine Auflaufform füllen. Ziegenkäse darauf verteilen. Den Ziegenkäse mit Salz und Pfeffer würzen und Kräuter darüber streuen.

Gemüse mit Ziegenkäse im Ofen für etwa 8-10 Minuten backen. Aus dem Ofen nehmen und heiß servieren.

Himbeer-Omelette

15g
Kohlenhydrate

27g
Eiweiß

36g
Fett

513
Kalorien

15
Minuten

Zutaten

2 Eier
50ml Milch
20g gemahlene Mandeln
10g Mandelmehl
10g gehackte Mandeln
80g Himbeeren
etwas Vanilleextrakt
1 Prise Salz
1 TL Xylit
1 Prise Xylit-Puder
1 MS Butter

Zubereitung

Eier trennen. Eiweiß mit einer Prise Salz und Xylit steif schlagen.

Eigelb mit gemahlenen Mandeln, Mandelmehl, Milch und Vanilleextrakt verrühren. Eischnee vorsichtig unterheben.

Himbeeren vorsichtig unterrühren.

Etwas Butter in einer Pfanne erhitzen. Teig in die Pfanne gießen und bei schwacher Hitze und geschlossenem Deckel stocken lassen. Nach etwa 10 Minuten vorsichtig wenden und von der anderen Seite kurz bräunen lassen.

Auf einen Teller geben, in der Mitte zusammenklappen und mit Xylit-Puder bestreuen.

Feta-Grillkäse im Pergament

4g	30g	46g	561	15
Kohlenhydrate	Eiweiß	Fett	Kalorien	Minuten

Zutaten

1 Feta
1 Tomate
2 EL Olivenöl
1/2 Zwiebel
1 Stange Frühlingszwiebel
1 Prise Pfeffer

Zubereitung

Feta aus der Packung nehmen und kurz abwaschen und abtropfen lassen. Zwiebel und Frühlingszwiebel schneiden. Tomate waschen und in Scheiben schneiden.

Feta auf ein ausgebreitetes Backpapier legen.

Tomaten, Zwiebeln und Frühlingszwiebeln darüber verteilen und mit Olivenöl begießen. Mit Pfeffer würzen.

Backpapier verschließen (mit einer kleinen Schnur oder einfach tackern).

Ab auf den Grill (mindestens 10 Minuten auf einen vorgeheizten Grill). Am besten grillt es sich indirekt - also nicht direkt über der Flamme.

Tipp

Perfekt dazu als Beilage passt ein leckerer Salat mit einfachem Dressing. Rezepte findest du in der Kategorie **Salate**.

Hauptgerichte

ab 600 kcal

600

Pfifferling-Omelette

13g
Kohlenhydrate

43g
Eiweiß

47g
Fett

683
Kalorien

25
Minuten

Zutaten

4 Eier
frische Petersilie
100ml Kochsahne
1 rote Zwiebel
150g Pfifferlinge
1 TL Butter
1 Prise Salz
1 Prise Pfeffer
30g Parmesan

Zubereitung

Pfifferlinge putzen. Zwiebel und Petersilie hacken.

Eier und Sahne miteinander verquirlen und mit Salz und Pfeffer würzen. Petersilie hinzufügen und unterrühren.

Butter in einer Pfanne erhitzen und die Zwiebel darin andünsten. Pfifferlinge hinzufügen und kurz anbraten.

Ei-Sahne-Mix in die Pfanne gießen und bei schwacher Hitze langsam stocken lassen.

Parmesan über das Omelette streuen und schmelzen lassen.

Omelette vorsichtig aus der Pfanne nehmen und heiß servieren.

Kohlrabi-Brokkoli-Gratin

18g	34g	43g	625	40
Kohlenhydrate	Eiweiß	Fett	Kalorien	Minuten

OMEGA 3

Zutaten

- 100g Kohlrabi
- 150g Brokkoli
- 150g Blumenkohl
- 1 Lauchzwiebel
- 2 Eier
- 100g Schmand
- 30g Reibekäse
- 1 Prise Salz
- 1 Prise Pfeffer
- 1 Prise Muskat

Zubereitung

Ofen auf 200 °C vorheizen.

Brokkoli und Blumenkohl in Röschen zerteilen. Kohlrabi in Stücke schneiden. Anschließend in köchelndem Salzwasser für etwa 3 Minuten blanchieren. Abgießen und in eine kleine Auflaufform füllen.

Eier und Schmand verquirlen. Mit Salz, Pfeffer und Muskat würzen und über das Gemüse gießen. Den Reibekäse darüberstreuen und im Ofen für etwa 25 Minuten überbacken.

Kohlrabi-Brokkoli-Gratin aus dem Ofen nehmen. Lauchzwiebel hacken und den Auflauf damit garnieren.

Gemüsecurry mit Tofu

Kohlenhydrate	Eiweiß	Fett	Kalorien	Minuten
20g	27g	47g	628	30

Zutaten

100g Tofu
100g Zucchini
150g Brokkoli
1 Lauchzwiebel
30g Zwiebel
2 TL rote Currypaste
100ml Gemüsebrühe
100ml Kokosmilch
etwas Limettensaft
15g Cashewkerne
1 Prise Salz
1 Prise Pfeffer
1 TL Rapsöl

Zubereitung

Lauchzwiebel und Zwiebel hacken. Brokkoli in Röschen zerteilen. Zucchini und Tofu in Stücke schneiden.

Rapsöl in einer Pfanne erhitzen und den Tofu darin rundherum knusprig anbraten. Aus der Pfanne nehmen und zur Seite stellen. Die Zwiebel mit der Currypaste im Bratfett andünsten. Gemüsebrühe und Kokosmilch dazugeben und alles aufkochen lassen.

Brokkoli, Zucchini und Lauchzwiebel in die Pfanne geben und bei niedriger Temperatur für etwa 10 Minuten köcheln lassen.

Tofu zum Gemüse geben und alles nochmals kurz aufkochen lassen. Mit Salz, Pfeffer und Limettensaft abschmecken.

Vor dem Servieren mit Cashewkernen bestreuen.

Sellerie-Pizza

12g
Kohlenhydrate

45g
Eiweiß

46g
Fett

667
Kalorien

40
Minuten

Zutaten

200g Knollensellerie
1 Ei
50g Reibekäse
1 TL Johannisbrotkernmehl
50g gehackte Tomaten
1/2 TL Italienische Kräuter
30g Paprika
30g Kirschtomaten
125g Mozzarella
1 Prise Salz
1 Prise Pfeffer
frischer Basilikum

Zubereitung

Ofen auf 200 °C vorheizen. Backblech mit Backpapier auslegen.

Sellerie schälen, in Stücke schneiden und im Blitzhacker zerkleinern. Ei mit Johannisbrotkernmehl, Salz und Pfeffer verquirlen. Zerkleinerten Sellerie und Reibekäse hinzufügen und alles gut miteinander vermengen. Kreisförmig auf dem Backblech verstreichen und im Ofen für etwa 15 Minuten backen.

Pizzaboden aus dem Ofen nehmen. Gehackte Tomaten mit italienischen Kräutern, Salz und Pfeffer vermengen und gleichmäßig auf dem Pizzaboden verteilen. Paprika und Tomaten in Stücke schneiden und die Pizza damit belegen. Zum Schluss den zerkleinerten Mozzarella auf die Pizza legen und für weitere 13-15 Minuten im Ofen backen.

Pizza aus dem Ofen nehmen und mit frischem Basilikum garnieren.

Schoko-Pancakes

17g
Kohlenhydrate

32g
Eiweiß

40g
Fett

610
Kalorien

25
Minuten

Zutaten

2 Eier
1 EL Xylit
10g Kakao
80ml Milch, 1,5%
20g Kokosmehl
10g Vanille-Proteinpulver
1 TL Backpulver
1 EL Kokosöl
20g Schokolade, 85%
1 Prise Xylit-Puder
1 TL Sonnenblumenöl

Zubereitung

Eier mit dem Xylit und dem Kakao verquirlen. Die Milch hinzufügen und unterrühren. Kokosöl schmelzen und ebenfalls unterrühren. Proteinpulver, Kokosmehl und Backpulver in die Rührschüssel geben und alles gut verrühren.

Bitterschokolade fein hacken, in den Teig geben und unterheben.

Öl in einer Pfanne erhitzen. Teig in die Pfanne geben und den Pancake bei schwacher Hitze langsam backen. Zwischendurch einmal wenden. Der Teig reicht für zwei Pancakes.

Die Pancakes mit etwas Xylit-Puder bestäuben und eventuell mit frischem Obst garnieren. Heiß servieren.

600

Avocado-Pancakes

12g
Kohlenhydrate

23g
Eiweiß

53g
Fett

648
Kalorien

30
Minuten

Zutaten

2 Eier
1 Avocado
20g Kokosmehl
1/2 TL Backpulver
80ml Milch, 1,5%
1 EL Kokosöl
1 EL Xylit
etwas Vanilleextrakt
1 MS Butter
1 Prise Xylit-Puder

OMEGA 3

Zubereitung

Avocado entkernen, Schale entfernen und das Innere in Stücke schneiden. Mit einem Stabmixer gut pürieren.

Eier mit Xylit und etwas Vanilleextrakt schaumig rühren. Milch, geschmolzenes Kokosöl, Kokosmehl und Backpulver hinzufügen und alles gut miteinander verrühren. Pürierte Avocado dazu geben und unterrühren.

Butter in einer Pfanne erhitzen. Eine kleine Kelle Teig in die Pfanne geben und mit einem Löffel glatt streichen. Pancake bei niedriger Hitze backen. Zwischendurch einmal wenden. Der Teig reicht für 4 kleine Pancakes. Den Vorgang wiederholen bis der Teig aufgebraucht ist.

Pancakes vor dem Servieren mit etwas Xylit-Puder bestreuen.

Burrata mit Ofengemüse

18g
Kohlenhydrate

19g
Eiweiß

58g
Fett

685
Kalorien

30
Minuten

Zutaten

- 1 Burrata
- 100g Kirschtomaten
- 1 Paprika
- 50g Rucola
- 10g Parmesan
- 1 EL Zitronensaft
- 20g Pinienkerne
- 2 EL Olivenöl
- 1/2 Knoblauchzehe
- 1 Prise Chiliflocken
- 1 Prise Salz
- 1 Prise Pfeffer

OMEGA 3

Zubereitung

Ofen auf 200 °C vorheizen.

Paprika und Tomaten waschen. Tomaten halbieren und Paprika in Stücke schneiden. Beides mit 1 EL Olivenöl vermischen. Mit Salz, Pfeffer und Chiliflocken würzen und in eine Auflaufform füllen. Im Ofen für etwa 20 Minuten backen.

Pinienkerne in einer Pfanne ohne Fett anrösten. 1 TL zur Seite stellen und den Rest in eine Schüssel geben.

Für das Pesto Rucola waschen und gut trocken schütteln. Zu den Pinienkernen in die Schüssel geben. 1 EL Olivenöl, Zitronensaft und Parmesan hinzufügen. Knoblauchzehe fein hacken und ebenfalls hinzufügen. Mit Salz und Pfeffer würzen. Alles mit dem Stabmixer pürieren.

Ofengemüse auf einem Teller anrichten. Burrata auf dem Gemüse platzieren. Pesto darüber geben und mit den restlichen Pinienkernen garnieren.

600

Zucchini-Lasagne

19g	56g	35g	628	55
Kohlenhydrate	*Eiweiß*	*Fett*	*Kalorien*	*Minuten*

OMEGA 3

Zutaten

1 Zucchini
250g Magerquark
1 Ei
2 TL grünes Pesto
1 TL Olivenöl
40g Parmesan
20g Pinienkerne
1 Prise Salz
1 Prise Pfeffer

Zubereitung

Ofen auf 180 °C vorheizen.

Zucchini waschen, halbieren und längs in feine Scheiben schneiden.

Quark und Ei gut miteinander verrühren. Parmesan reiben und die Hälfte zu der Quark-Mischung geben. Pesto hinzufügen. Nochmals verrühren und mit Salz und Pfeffer abschmecken.

Kleine Auflaufform einfetten. Eine Schicht Zucchini in die Form legen. Mit Salz und Pfeffer würzen. Quarkmasse darüber verteilen. Vorgang wiederholen und mit einer Quarkschicht abschließen. Den restlichen Parmesan und die Pinienkerne darüberstreuen.

Im Ofen für etwa 45 Minuten backen.

Zucchini-Artischocken Tortilla

14g	24g	46g	600	55
Kohlenhydrate	Eiweiß	Fett	Kalorien	Minuten

Zutaten

150g Artischocken
180g Zucchini
30g Zwiebel
1/2 Knoblauchzehe
frischer Basilikum
frische Petersilie

2 Eier
80g Frischkäse
1 EL Olivenöl
1 Prise Salz
1 Prise Pfeffer
1 Prise Chiliflocken

Zubereitung

Ofen auf 160 °C vorheizen. Kleine Auflaufform einfetten.

Zwiebel, Knoblauch und Kräuter hacken. Artischocke klein schneiden.

Eier mit Frischkäse verquirlen. Mit Salz und Pfeffer würzen. Kräuter, Zwiebel, Knoblauch und Artischocke unterrühren und in die Auflaufform füllen.

Zucchini waschen und längs in Scheiben schneiden. Mit dem Olivenöl vermengen und auf der Ei-Frischkäse-Masse verteilen. Mit Salz, Pfeffer und Chiliflocken würzen.

Tortilla für 20 Minuten backen. Dann den Ofen auf 200 °C schalten und den Auflauf weitere 15 Minuten backen.

Hauptgerichte

ab 700 kcal

Blumenkohl mit Avocado

15g
Kohlenhydrate

17g
Eiweiß

54g
Fett

720
Kalorien

40
Minuten

Zutaten

300g Blumenkohl
1 Avocado
frische Petersilie
2 EL Parmesan
2 EL Olivenöl
1 TL Currypulver
1 Prise Salz
1 Prise Pfeffer

Zubereitung

Ofen auf 200 °C vorheizen. Backblech mit Backpapier auslegen.

Blumenkohl putzen und in Röschen zerteilen. Petersilie hacken.

Blumenkohlröschen mit Olivenöl, Currypulver, Salz und Pfeffer in eine Schüssel geben und alles gut miteinander vermengen.

Blumenkohl auf das Backblech geben und 15 Minuten backen. Wenden und nochmals 15 Minuten backen.

Avocado halbieren, entkernen, Schale entfernen und das Innere würfeln. Blumenkohl und Avocado auf einen Teller geben. Parmesan und Petersilie darüber streuen und alles vorsichtig vermengen.

700

Feta mit Nusskruste

13g	29g	63g	740	25
Kohlenhydrate	Eiweiß	Fett	Kalorien	Minuten

OMEGA 3

Zutaten

- 100g Feta
- 10g gehackte Haselnüsse
- 10g gehackte Mandeln
- 10g gehackte Walnüsse
- 1 Ei
- 100g Gurke
- 100g Kirschtomaten
- frische Petersilie
- 20g Joghurt
- 1 EL Sonnenblumenöl
- 1/2 TL Honig
- 1 Prise Salz
- 1 Prise Pfeffer

Zubereitung

Ofen auf 200 °C vorheizen. Backblech mit Backpapier auslegen.

Ei verquirlen und auf einen Teller geben. Die gehackten Nüsse miteinander vermengen und auf einen weiteren Teller geben. Feta in Stücke schneiden und erst im Ei, dann in den Nüssen wenden. Feta mit Nusspanade auf das Backblech legen und für etwa 12 bis 15 Minuten backen.

In der Zwischenzeit die Gurke schälen und würfeln. Die Tomaten halbieren und die Petersilie hacken. Alles in eine Schüssel geben und vermengen.

Für das Dressing Joghurt mit Öl und Honig verrühren und mit Salz und Pfeffer würzen. Über den Salat geben und alles gut vermischen.

Salat auf einem Teller anrichten. Feta aus dem Ofen nehmen und auf den Salat legen. Noch heiß servieren.

Curry mit Halloumi

16g	24g	64g	751	20
Kohlenhydrate	Eiweiß	Fett	Kalorien	Minuten

OMEGA 3

Zutaten

150g Zucchini
100g Paprika
35g Frühlingszwiebel
frischer Koriander
80g Halloumi
2 TL grüne Currypaste
150ml Kokosmilch
1 EL Sesamöl
1 Prise Chiliflocken
1 Prise Salz
1 Prise Pfeffer

Zubereitung

Zucchini und Paprika waschen und würfeln. Frühlingszwiebel und Koriander hacken. Halloumi in Würfel schneiden und zwischen Küchenpapier ausdrücken.

Sesamöl in einer Pfanne erhitzen. Halloumi darin rundherum goldbraun anbraten. Aus der Pfanne nehmen und zur Seite stellen.

Im Bratfett Paprika und Zucchini kurz anbraten. Kokosmilch hinzufügen und kurz aufkochen lassen. Currypaste einrühren und alles für etwa 10 Minuten leicht köcheln lassen. Mit Chiliflocken, Salz und Pfeffer würzen.

Zum Schluss Frühlingszwiebel und Koriander unterrühren.

700

Flammkuchen mit Rucola

13g
Kohlenhydrate

65g
Eiweiß

49g
Fett

798
Kalorien

40
Minuten

Zutaten

2 Eier
100g Magerquark
20g Mandelmehl
100g Emmentaler gerieben
50g Crème Légère
50g Champignons
50g Tomaten
25g Rucola

Zubereitung

Ofen auf 180 °C vorheizen.

Eier, Quark und Mandelmehl gut miteinander verquirlen. 70g Emmentaler unterheben. Ein Backblech mit Backpapier auslegen. Den Teig auf das Blech geben und zu einem runden Fladen verstreichen. Im Ofen für 15 bis 18 Minuten backen.

Rucola waschen und trocken schütteln. Tomaten und Champignons waschen und in Scheiben schneiden.

Den Fladen aus dem Ofen nehmen, mit der Crème Légère bestreichen und mit Salz und Pfeffer würzen. Mit Tomaten und Champignons belegen. Den restlichen Käse darüber streuen. Weitere 15 bis 20 Minuten im Ofen backen.

Den fertigen Flammkuchen mit dem Rucola belegen und servieren.

700

Gemüsegratin mit Bergkäse

19g	38g	54g	723	30
Kohlenhydrate	Eiweiß	Fett	Kalorien	Minuten

Zutaten

60g Aubergine
100g Zucchini
80g Karotte
50g Fenchel
80ml Kochsahne, 15%
2 EL Crème Fraîche
80g Gruyere-Käse
30 g Appenzeller
1 Prise Thymian, getrocknet
1 Prise Rosmarin, getrocknet
1 Prise Salz
1 Prise Pfeffer
etwas Öl

Zubereitung

Ofen auf 180 °C vorheizen. Gratinform mit etwas Öl einfetten.

Zucchini und Aubergine waschen und Karotte schälen. Alles mit einer Reibe in dünne Scheiben hobeln. Fenchel in dünne Streifen schneiden. Käse reiben.

Gemüse abwechseln mit dem Gruyere-Käse in die Gratinform schichten.

Sahne und Crème Fraîche miteinander verrühren. Thymian und Rosmarin hinzufügen und mit Salz und Pfeffer würzen.
Über das Gemüse gießen und mit dem Appenzeller bestreuen.

Im Ofen für etwa 20 bis 25 Minuten überbacken.

Hauptgerichte

ab 800 kcal

Camembert mit Sesamkruste

15g
Kohlenhydrate

59g
Eiweiß

52g
Fett

800
Kalorien

20
Minuten

Zutaten

100g Babyspinat
100g Cherrytomaten
125g Camembert, halbfett
35g Mandelmehl
30g Sesamsamen
1 Ei
2 EL Rapsöl
1 EL Essig
1 TL Honig
1 TL Senf
1 Prise Salz
1 Prise Pfeffer
1 Prise Chiliflocken

Zubereitung

Babyspinat waschen und gut abtropfen lassen. Cherrytomaten halbieren. Für das Dressing Öl, Essig, Senf und Honig miteinander verrühren. Mit Salz, Pfeffer und Chiliflocken würzen.

Ei in einen Teller geben, mit Salz und Pfeffer würzen und verquirlen. Mandelmehl und Sesamsamen auf zwei weitere Teller verteilen. Camembert erst im Ei und anschließend im Mandelmehl wenden. Dann nochmals im Ei und danach im Sesam wenden. Panade gut fest drücken.

Öl in einer Pfanne erhitzen und den Camembert von beiden Seiten knusprig anbraten. Den Spinat und die Tomaten auf einem Teller anrichten und das Dressing darüber träufeln. Camembert auf den Salat legen und warm servieren.

800

Gebackener Blumenkohl

20g	65g	46g	801	50
Kohlenhydrate	Eiweiß	Fett	Kalorien	Minuten

Zutaten

1 Blumenkohl
2 Eier
50ml Kochsahne, 15%
100g Parmesan
1 TL Italienische Kräuter
1 Prise Salz
1 Prise Pfeffer
1 Prise Chiliflocken

Zubereitung

Ofen auf 180 °C vorheizen. Backblech mit Backpapier auslegen.

Blumenkohl putzen, die Blätter und den Strunk entfernen.

Eier mit Sahne, Gewürzen und Kräutern verquirlen. Parmesan hinzufügen und alles gut miteinander vermengen.

Blumenkohl in der Ei-Parmesan-Mischung wenden und anschließend vorsichtig auf das Backblech legen. Für etwa 40 bis 45 Minuten backen.

Aus dem Ofen nehmen und noch heiß servieren.

800

Kohlrabi-Ei-Auflauf

24g	47g	72g	805	45
Kohlenhydrate	Eiweiß	Fett	Kalorien	Minuten

Zutaten

1 Kohlrabi
1 Lauchzwiebel
100g Feta
2 Eier
75ml Sahne
1 TL Butter
1 Prise Salz
1 Prise Pfeffer
1 Prise Muskat

Zubereitung

Ofen auf 200 °C vorheizen.

Kohlrabi schälen und in Stücke schneiden. Feta würfeln und Lauchzwiebel hacken.

Eier und Sahne in eine Schüssel geben. Mit Salz, Pfeffer und Muskat würzen und alles gut miteinander verquirlen.

Kohlrabi und Lauchzwiebel in eine Auflaufform geben und mit dem Ei-Sahne-Mix übergießen. Feta darüberstreuen und im Ofen für 15 bis 20 Minuten backen.

Aus dem Ofen nehmen und heiß servieren.

Frischkäse-Spinatrolle

to go

14g	75g	46g	810	55
Kohlenhydrate	Eiweiß	Fett	Kalorien	Minuten

Zutaten

- 250g TK-Blattspinat
- 50g Parmesan
- 4 Eier
- 1 TL Johannisbrotkernmehl
- 150 g Frischkäse
- 50g Feta
- frische Petersilie
- etwas Zitronensaft
- 1 Prise Salz
- 1 Prise Pfeffer
- 1 Prise Muskat

Zubereitung

Ofen auf 180 °C vorheizen. Backblech mit Backpapier auslegen.

Eier aufschlagen und mit Salz, Pfeffer und Muskat verquirlen. TK-Spinat auftauen und gut abtropfen lassen. Mit dem Parmesan und dem Johannisbrotkernmehl zu den Eiern geben und alles mit dem Stabmixer pürieren. Die Spinat-Masse gleichmäßig auf das Backblech streichen und im Ofen für 15 Minuten backen.

Aus dem Ofen nehmen und kurz abkühlen lassen. Vorsichtig auf ein Brett stürzen und das Backpapier behutsam abziehen.

Frischkäse mit Zitronensaft, Salz und Pfeffer verrühren. Petersilie und Feta fein hacken und unterrühren.

Frischkäse-Füllung auf dem Spinat-Fladen verteilen. Vorsichtig einrollen. In Alu- oder Frischhaltefolie verpacken und für mindestens 30 Minuten im Kühlschrank kalt stellen.

Tipp

Rezept entspricht einem sehr sättigenden kompletten Blech.
Bei Bedarf Zutaten halbieren oder für 2 Mahlzeiten einplanen.
In beiden Fällen können die Nährwerte halbiert werden.

800

Regenbogen Pizza

22g
Kohlenhydrate

67g
Eiweiß

51g
Fett

842
Kalorien

45
Minuten

OMEGA 3

Zutaten

125g Mozzarella, gerieben
45g Mandelmehl
25g Frischkäse
1 Ei
1 TL Weißweinessig
1 TL Olivenöl
1 EL Chiasamen
50g Brokkoli
25g passierte Tomaten
20g Cherrytomaten
1/2 Paprika
1/2 rote Zwiebel
20g Parmesan
20g Mais
10g Erbsen
10g Champignons
1 Prise Majoran
1 Prise Salz
1 Prise Pfeffer

Zubereitung

Backofen auf 180 °C Ober-/Unterhitze vorheizen.

Mozzarella, Frischkäse, Mandelmehl, Ei, Salz, Majoran, Chiasamen und Weißweinessig in einer Schüssel vermengen und zu einem gleichmäßigen Pizzateig kneten. Hände mit etwas Olivenöl einfetten und den Teig auf einem mit Backpapier ausgelegten Pizza- oder Backblech flach drücken oder mit Hilfe eines Nudelholzes auf einer bemehlten Arbeitsfläche ausrollen und auf das Pizzablech geben. Den Teig mehrfach mit einer Gabel einstechen.

Für ca. 10 Minuten backen. In der Zwischenzeit Brokkoli waschen und in kochendem Salzwasser für ca. 5 Minuten köcheln lassen, vom Herd nehmen.

Cherrytomaten und Paprika waschen, die Tomaten halbieren und die Paprika klein würfeln. Die Pilze mit einer Bürste säubern und in Scheiben schneiden. Zwiebel schälen und in dünne Scheiben schneiden. Mais und Erbsen aus dem Glas in ein Sieb geben und mit kaltem Wasser abbrausen. Für die Tomatensoße einfach passierte Tomaten mit Salz, Pfeffer und Majoran würzen. Brokkoli abtropfen lassen und in kleine Stücke schneiden.

Sobald der Pizzaboden goldbraun ist, aus dem Backofen nehmen und belegen: Tomatensoße mit einem Löffel verteilen, mit den restlichen Zutaten nach Farben belegen und mit Parmesan bestreuen. Nochmal für ca. 10 Minuten backen bis der Käse geschmolzen ist. Bon Appetit!

Salate

Mein Dressing

Mein ❤-Dressing

Mein **Allround-Dressing** passend für jeden Salat.
Je nach Art werden die Kräuter einfach angepasst.
Als Beispiel gibt es hier einen Gurkensalat mit Dill.

Zutaten

2 EL Joghurt
2 EL Olivenöl
1 TL Senf
1 TL Erythrit
1 Schuss Milch
Dill oder andere Kräuter
Salz & Pfeffer

8g	6g	13g	180	2-3
Kohlenhydrate	Eiweiß	Fett	Kalorien	Minuten

Kichererbsen-Avocado-Salat

31g
Kohlenhydrate

15g
Eiweiß

41g
Fett

573
Kalorien

15
Minuten

Zutaten

250g Gurke
1 Avocado
100g Kichererbsen
50g Kresse
2 EL Olivenöl
1 TL Honig
3 EL Zitronensaft
etwas Zitronenabrieb
4g Ingwer
1 EL Joghurt
1 Prise Salz
1 Prise Pfeffer
1 Prise Chiliflocken

Zubereitung

Für das Dressing Öl, Honig, Zitronensaft und Zitronenabrieb miteinander verrühren. Mit Salz und Pfeffer würzen. Ingwer fein hacken oder pressen, zum Dressing geben und unterrühren.

Gurke schälen und in Stücke schneiden. Avocado halbieren, entkernen, Schale entfernen und das Innere ebenfalls in Stücke schneiden.

Kichererbsen abgießen und gut abtropfen lassen. Mit der Gurke in eine Schüssel geben, Dressing darüber gießen und alles gut miteinander vermengen. Avocado vorsichtig unterheben.

Frische Kresse über den Salat geben und zum Schluss mit einem Klecks Joghurt garnieren.

Auberginen-Salat

28g	8g	40g	545	25
Kohlenhydrate	Eiweiß	Fett	Kalorien	Minuten

Zutaten

1 Aubergine
100g Gurke
100g Paprika
50g Kirschtomaten
20g Pinienkerne
frische Petersilie
3 EL Olivenöl

1 EL Balsamico
1 TL Honig
1 EL Zitronensaft
etwas Zitronenabrieb
1 Prise Salz
1 Prise Pfeffer
1 Prise Chiliflocken

Zubereitung

Aubergine, Gurke und Paprika waschen und in Stücke schneiden. Petersilie hacken und Tomaten halbieren.

1 EL Olivenöl in einer Pfanne erhitzen und die Aubergine darin etwa 5 Minuten anbraten. Paprika hinzufügen und alles 5 Minuten weiter braten. Vom Herd nehmen und in eine Schüssel geben. Tomate, Gurke und Petersilie hinzufügen.

Für das Dressing 2 EL Olivenöl, Balsamico und Honig miteinander verrühren. Zitronensaft und Zitronenabrieb hinzufügen und mit Salz, Pfeffer und Chiliflocken würzen. Über den Salat gießen und alles gut miteinander vermengen.

Pinienkerne in einer Pfanne ohne Fett anrösten und über den Salat streuen.

Brokkoli-Paprika Salat

21g	11g	32g	450	12
Kohlenhydrate	Eiweiß	Fett	Kalorien	Minuten

Zutaten

200g Brokkoli
50g Paprika
50g Apfel
30g Zwiebel
1 EL Sonnenblumenkerne
2 EL Olivenöl
1 EL Essig
1/2 EL Zitronensaft
1 TL Honig
1 Prise Salz
1 Prise Pfeffer

Zubereitung

Brokkoli in kleine Röschen zerteilen und in kochendem Salzwasser 2 Minuten blanchieren. Abgießen und mit sehr kaltem Wasser abschrecken.

Zwiebel hacken. Paprika und Apfel in kleine Stücke schneiden. Zusammen mit dem Brokkoli in eine Schüssel geben.

Für das Dressing Öl, Essig, Zitronensaft und Honig miteinander verrühren. Mit Salz und Pfeffer würzen und über den Salat gießen. Alles gut miteinander vermengen.

Salat auf einem Teller anrichten und Sonnenblumenkerne darüberstreuen.

Brokkoli-Apfel-Salat

togo

19g
Kohlenhydrate

11g
Eiweiß

29g
Fett

409
Kalorien

15
Minuten

Zutaten

200g Brokkoli
40g Apfel
frischer Schnittlauch
20g Walnüsse
10g Röstzwiebeln
1 EL Olivenöl
1 EL Weißweinessig
1 EL Zitronensaft
1 TL Senf
1/2 TL Honig
etwas Zitronenabrieb
1 Prise Salz
1 Prise Pfeffer
1 Prise Chiliflocken

Zubereitung

Brokkoli putzen und in kleine Röschen zerteilen. Apfel waschen und in kleine Stückchen schneiden. Walnüsse und Schnittlauch hacken.

Salzwasser in einem Topf zum Kochen bringen. Brokkoli darin für etwa 3 bis 5 Minuten leicht köcheln lassen. Abgießen und mit kaltem Wasser abschrecken.

Für das Salatdressing Senf, Honig, Öl, Essig und Zitronensaft verrühren. Mit Salz, Pfeffer und Chiliflocken würzen. Gehackte Walnüsse in einer Pfanne ohne Fett kurz anrösten.

Brokkoli mit Apfel und Schnittlauch in eine Schüssel geben. Dressing und Abrieb einer Zitrone dazu geben und alles gut miteinander vermengen. Gehackte Walnüsse und Röstzwiebeln hinzufügen und unterheben.

Den Salat vor dem Servieren etwas ziehen lassen.

Quinoa-Avocado-Salat

21g	11g	32g	450	12
Kohlenhydrate	Eiweiß	Fett	Kalorien	Minuten

Zutaten

- 35g Quinoa
- 30g Feta
- 100g Gurke
- 20g Lauchzwiebel
- 1/2 Avocado
- frische Minze
- 1 EL Olivenöl
- 1 EL Limettensaft
- 1 TL Sojasauce
- 1 Prise Salz
- 1 Prise Pfeffer

Zubereitung

Quinoa unter warmem Wasser abspülen und nach Packungsbeilage kochen. Nach dem Kochen im Topf noch etwas ziehen lassen.

Gurke waschen und in Stücke schneiden. Lauchzwiebel und Minze hacken. Avocado halbieren, Schale entfernen und das Innere würfeln. Mit etwas Limettensaft beträufeln. Alles in eine Schüssel geben.

Feta würfeln und mit dem fertig gekochten Quinoa über den Salat geben. Für das Dressing Limettensaft, das Olivenöl und die Sojasoße miteinander verrühren. Mit Salz und Pfeffer würzen und über den Salat gießen. Alles vorsichtig miteinander vermengen.

Avocado-Tomatensalat

11g
Kohlenhydrate

4g
Eiweiß

29g
Fett

333
Kalorien

5
Minuten

Zutaten

1 Avocado
1 Handvoll Cherrytomaten
1 rote Zwiebel
10ml Olivenöl
1 Prise Salz
1 Prise Pfeffer
1 Spritzer Zitronensaft
frischer Basilikum

Zubereitung

Die Avocado rundherum mit einem Messer bis zum Kern einschneiden und dann durch entgegengesetztes Drehen der beiden Hälfte teilen. Den Kern mit einem Esslöffel entfernen. Dann die Hälften mit dem Löffel am Stück aus der Schale entfernen und mit einem Messer in kleine Stückchen zerschneiden und in eine Schüssel geben.

Die Zwiebel schälen und in feine Würfel hacken. Ebenfalls in die Schüssel geben. Die Tomaten kurz abwaschen und halbieren oder vierteln und ebenfalls dazu geben.

Alles mit einem kleinen Schuss Olivenöl, gut Salz und Pfeffer und einem Spritzer Limetten- oder Zitronensaft würzen.

Mit zwei Löffeln ordentlich vermengen. Lecker!

Trauben-Radicchiosalat

10g	2g	30g	350	10
Kohlenhydrate	*Eiweiß*	*Fett*	*Kalorien*	*Minuten*

Zutaten

1 Kopf Radicchio
1/2 Bund Petersilie
100g Weintrauben (ohne Kerne)
1 TL Senf
1 Prise Xylit
3 EL Balsamico-Essig
3 EL Walnussöl
75g Kirschtomaten
1 Prise Salz
1 Prise Pfeffer

Zubereitung

Den Radicchio zerrupfen und den Strunk/Stamm entfernen. Anschließend waschen und trocken schleudern. Petersilie waschen und mit einem Küchentuch trocken tupfen. Dann die Blätter von den Zweigen zupfen.

Trauben waschen, ebenfalls etwas trocknen und von den Stielen zupfen und anschließend halbieren.

Senf, Essig und eine Prise Xylit in einer Schüssel verrühren und das Walnussöl anschließend langsam bei gleichmäßigem Rühren einlaufen lassen. Mit Salz und Pfeffer würzen und abschmecken. Tomaten ebenfalls waschen und halbieren. Alle Zutaten vermischen und direkt servieren.

Feldsalat mit Sesam-Käse-Ecken

16g
Kohlenhydrate

32g
Eiweiß

61g
Fett

748
Kalorien

15
Minuten

Zutaten

50g Camembert
150g Feldsalat
30g Sesam
30g gemahlene Mandeln
1 Ei
1 EL Rapsöl
1 TL Olivenöl
1 EL Orangensaft
1 EL Balsamico-Essig
1 TL Honig
1 TL Senf
1 Prise Salz
1 Prise Pfeffer

Zubereitung

Salat waschen und gut abtropfen lassen.

Für das Dressing Olivenöl, Orangensaft, Balsamico, Honig und Senf gut miteinander verrühren. Mit Salz und Pfeffer abschmecken.

Camembert in Scheiben schneiden. Ei verquirlen, mit Salz und Pfeffer würzen und auf einen Teller geben. Mandeln und Sesam auf zwei weiteren Tellern verteilen. Käse erst im Ei und dann in den Mandeln wenden. Erneut durch das Ei ziehen, gut abtropfen lassen und in den Sesamkörnen wenden.

Rapsöl in einer Pfanne erhitzen. Käse von beiden Seiten bei mittlerer Hitze goldbraun anbraten.

Salat auf einem Teller anrichten. Dressing darüber geben und mit den warmen Sesam-Käse-Ecken garnieren.

Avocado-Rucola-Salat

20g	14g	44g	592	10
Kohlenhydrate	Eiweiß	Fett	Kalorien	Minuten

Zutaten

100g Rucola
1/2 Avocado
30g Weintrauben
50g Feta
etwas Limettensaft
20g Walnüsse

1 EL Orangensaft
1 EL Olivenöl
1 TL Honig
1 Prise Salz
1 Prise Pfeffer

Zubereitung

Rucola waschen und trocken schütteln. Trauben waschen und halbieren.

Avocado halbieren, entkernen, Schale entfernen und das Innere in Würfel schneiden. Mit etwas Limettensaft beträufeln.

Feta würfeln und zusammen mit der Avocado, den Trauben und dem Rucola in eine Schüssel geben.

Für das Dressing Olivenöl, Honig und frisch gepressten Orangensaft verrühren. Mit Salz und Pfeffer würzen und über den Salat gießen. Vorsichtig vermengen.

Walnüsse kurz in einer Pfanne ohne Fett anrösten und über den Salat geben.

Salate

Tipp Der Salat eignet sich super für mehrere Mahlzeiten oder als Beilage zu mehreren Gerichten. Als einzelner Salat einfach die Zutaten halbieren. Nährwerte pro Portion.

Sommersalat

13,5g	21g	32g	435	10
Kohlenhydrate	Eiweiß	Fett	Kalorien	Minuten

Zutaten für 2 Portionen

1 Salatgurke
1 Feta
3 Romatomaten
1 rote Zwiebel
2 EL Olivenöl
1 EL Balsamico-Essig

3 EL Joghurt
1 TL Senf
1 Prise Salz
1 Prise Pfeffer
frische Italienische Kräuter

Zubereitung

Für das Salatdressing Joghurt mit Senf, Olivenöl und Essig in die Salatschüssel geben und mit den Gewürzen vermischen.

Alle Zutaten waschen und in kleine Würfel/Stücke schneiden.

In eine Salatschüssel geben. Alles vermischen.

Tomate-Mozzarella

13g
Kohlenhydrate

44g
Eiweiß

34g
Fett

527
Kalorien

20
Minuten

Zutaten

- 12 Cherrytomaten
- 1 Packung Mozzarella-Kugeln
- 2 EL Olivenöl
- 1 EL Balsamico
- 1 Prise Salz
- 1 Prise Pfeffer
- frischer Basilikum
- etwas Oregano

Zubereitung

Die Tomaten waschen und anschließend halbieren oder vierteln. Mozzarella abtropfen lassen und ggf. kurz mit kaltem Wasser abwaschen und nochmal abtropfen lassen.

Die Mozzarella-Kugeln bei Wunsch auch halbieren oder aber ganz am Stück lassen. Alles in einen tiefen Teller geben.

Mit Olivenöl und Balsamico übergießen mit frisch gemahlenem Pfeffer, Salz, jeder Menge Basilikum und Oregano würzen. Mit zwei Löffeln oder Salatbesteck gut vermischen und ein paar Minuten ziehen lassen.

Snacks

EoK Low-Carb Riegel

Kokos • Frucht • Himbeere • Kakao

*100% natürlich, getreidefrei und vegan! Pro Riegel **nur 1,4g Kohlenhydrate** aus Zucker und 160 kcal pro Riegel.*

*für €1,99 im **www.eokshop.de***

1 Portion Kürbiskerne (30g)

Eiweiß- und Vitaminbombe mit vielen Mineral- und Ballaststoffen. Allerdings auch nur in kleinen Mengen empfehlenswert wegen dem hohen Fett- und Kalorienanteil. Dafür sind die Fettsäuren aber super gesund.

0,8g Kohlenhydrate ***174 kcal***

OMEGA 3

1 Portion Pistazien roh (30g)

Gesundes Fett, Kalium und Vitamine als Knabberstoff mit positiver Auswirkung auf den Blutfettwert. Sättigender Low-Carb Snack welcher in Maßen zum Abnehmen beitragen kann.

3,5g Kohlenhydrate ***182 kcal***

OMEGA 3

1 Portion Mandeln (30g)

Unsere Snack-Quelle für Ballaststoffe, Vitamin E, Vitamin B2 und Magnesium. Zudem gut für Stoffwechsel und Immunsystem. Auch bei diesem Snack eignet sich eine kleine Menge. Ihnen wird auch eine Appetit-zügelnde Wirkung nachgesagt.

1,4g Kohlenhydrate ***184 kcal***

OMEGA 3

Joghurt-Snack mit Walnüssen

75g Natur-Joghurt mit 1,5% Fett
4 Walnusshälften.
Gutes Fett und wertvolle Vitamine. Walnüsse besitzen einen sehr hohen Gehalt an einfach und mehrfach ungesättigten Fettsäuren.

5g Kohlenhydrate ***197 kcal***

OMEGA 3

Desserts

Joghurt-Panna Cotta mit Erdbeersoße

14g Kohlenhydrate

10g Eiweiß

23g Fett

302 Kalorien

250 Minuten

Zutaten

100ml Rama Cremefine zum Aufschlagen
100g Joghurt, 3,5%
30g Erythrit
80g Erdbeeren
20ml Wasser
4 g Gelatine, vegetarisch

Zubereitung

Gelatine nach Packungsbeilage auflösen. Sahne mit 20g Erythrit in einem Topf aufkochen und kurz köcheln lassen. Gelatine hinzugeben und auflösen lassen. Gut umrühren damit keine Klümpchen entstehen. Die Sahne etwas abkühlen lassen.

Den Joghurt erst cremig rühren und dann in die Sahne einrühren. In eine Schüssel oder ein Glas füllen und für etwa 4 Stunden im Kühlschrank kalt stellen.

Die Erdbeeren waschen und in Stücke schneiden. Mit 20ml Wasser und dem restlichen Erythrit in einen Topf geben und für etwa 5 Minuten köcheln lassen. Die Sauce pürieren und abkühlen lassen. Zusammen mit der fertigen Panna Cotta servieren.

Blaubeer-Dessert

20g	25g	14g	318	75
Kohlenhydrate	Eiweiß	Fett	Kalorien	Minuten

Zutaten

100g Blaubeeren
100g Joghurt, 3,5%
1/2 Vanilleschote
100g Sahnequark
1 EL Vanille-Proteinpulver
3 TL Erythrit
2 EL Orangensaft
etwas Zitronenabrieb
1 TL Agar Agar

Zubereitung

Joghurt, Quark, Proteinpulver und 1 TL Erythrit in eine Schüssel geben. Das Mark der Vanilleschote und Zitronenabrieb hinzufügen. Alles gut miteinander verrühren.

Blaubeeren mit dem Orangensaft und 2 TL Erythrit aufkochen und kurz köcheln lassen. Mit dem Stabmixer pürieren und durch ein Sieb streichen. Noch einmal kurz aufkochen und das Agar Agar einrühren. Kurz abkühlen lassen.

Die Hälfte des Joghurts in ein Glas füllen. Etwas der pürierten Blaubeeren darüber gießen. Das restliche Joghurt darauf geben und zum Abschluss das restliche Blaubeerpüree darüber geben. Das Blaubeeren-Dessert für etwa 1h im Kühlschrank kaltstellen.

Bounty

12g	8g	25g	298	105
Kohlenhydrate	Eiweiß	Fett	Kalorien	Minuten

Zutaten für 10 Bountys

200g Kokosraspeln
200g Kokosmilch
50g Vanille-Proteinpulver
2 EL Xylit
200g Xylit-Edelbitter Schokodrops

Zubereitung

Kokosraspeln, Kokosmilch, Proteinpulver und Xylit vermengen und zu einem geschmeidigen Teig kneten. Etwa 10 gleichmäßige Riegel formen und für mindestens 60 Minuten in den Kühlschrank stellen.

Schokolade über dem heißen Wasserbad langsam schmelzen lassen. Die Riegel einzeln in die flüssige Schokolade tauchen und etwa 30 Minuten trocknen lassen.

Schokoecken

4g Kohlenhydrate
3g Eiweiß
19g Fett
205 Kalorien
270 Minuten

Zutaten für 16 Ecken

200g dunkle Schokolade
1 Dose Kokosmilch (nur das Feste)
90g Kokosöl
80g Erdnussbutter
1 TL Kakaopulver
etwas Vanilleextrakt
1 Prise Zimt

Zubereitung

100g Schokolade über dem Wasserbad schmelzen lassen. 30g Kokosöl hinzufügen und gut unterrühren. Eine eckige Auflaufform mit Butter einfetten und dann mit Backpapier auslegen. Die flüssige Schokolade in die Form gießen und glatt streichen. Im Kühlschrank fest werden lassen.

Kokosmilch in einen Topf geben und erhitzen. 30g Kokosöl unterrühren und kurz köcheln lassen. Erdnussbutter, Zimt und Kakaopulver hinzufügen und alles gut miteinander verrühren. Vom Herd nehmen und etwas abkühlen lassen. Die Kokos-Erdnuss-Creme als zweite Schicht in die Auflaufform streichen. Im Kühlschrank für mindestens 2 Stunden abkühlen lassen.

Für die letzte Schicht erneut 100g Schokolade über dem Wasserbad schmelzen und 30g Kokosöl unterrühren. Über die Creme-Schicht gießen und glatt streichen. Im Kühlschrank hart werden lassen.

Das abgekühlte Dessert samt Backpapier auf ein Brett heben und in 16 gleichmäßige Stücke schneiden. Das Messer hierfür unter heißem Wasser erhitzen.

Vanillepudding

11g	11g	32g	450	10
Kohlenhydrate	Eiweiß	Fett	Kalorien	Minuten

Zutaten

150ml Milch
80ml Sahne
1 Eigelb
30g Xylit
5g Johannisbrotkernmehl
1/2 Vanilleschote

Zubereitung

Etwa 7 EL Milch mit dem Eigelb und dem Xylit verrühren. Johannisbrotkernmehl hinzufügen und gut unterrühren bis keine Klümpchen mehr zu sehen sind.

Die restliche Milch mit der Sahne und dem Mark der Vanilleschote aufkochen. Vom Herd nehmen. Die Milch-Ei-Xylit Mischung kräftig in die Milch-Sahne Mischung einrühren. Erneut auf den Herd stellen und nochmals aufkochen lassen. Vorsicht, der Pudding brennt schnell an.

Den Pudding in eine Schüssel füllen und entweder im Kühlschrank kalt stellen oder gleich warm genießen.

Schokopudding

19g
Kohlenhydrate

16g
Eiweiß

45g
Fett

617
Kalorien

25
Minuten

Zutaten

1 Avocado
150g Milch
2 EL Erythrit
20g Chia-Samen
25g Kakao
1/2 TL Kokosflocken

OMEGA 3

Zubereitung

Avocado halbieren, entkernen und das Innere in eine Schüssel geben. Milch, Erythrit, Kakao und Chia Samen hinzufügen und alles mit dem Stabmixer pürieren.

Pudding für etwas 20 Minuten in den Kühlschrank stellen.

Vor dem Servieren mit Kokosflocken bestreuen.

Himbeerquark

17g	19g	31g	442	10
Kohlenhydrate	Eiweiß	Fett	Kalorien	Minuten

Zutaten

125g Himbeeren
1 EL Zitronensaft
125g Magerquark
100ml Schlagsahne
2 EL Erythrit
1 TL Honig
1/2 Vanilleschote

Zubereitung

Himbeeren waschen und gut abtropfen lassen.

Quark in eine Schüssel geben. Zitronensaft, Erythrit und das Mark der Vanilleschote hinzufügen. Alles gut miteinander verrühren.

Himbeeren mit 1 TL Honig pürieren. 2 Esslöffel von dem Püree in den Quark einrühren und den Rest zur Seite stellen.

Sahne steif schlagen und vorsichtig unter den Quark heben. Quarkcreme in ein Glas füllen und das restliche Himbeerpüree darüber gießen.

Schoko-Chia-Pudding

19g
Kohlenhydrate

11g
Eiweiß

49g
Fett

590
Kalorien

75
Minuten

Zutaten

20g Chiasamen
60g Banane
1 TL Xylit
200ml Kokosmilch
10g Kakao
etwas Vanilleextrakt
30g Joghurt (1,5%)
20g Nüsse

OMEGA 3

Zubereitung

30g Banane, Xylit, etwas Vanilleextrakt, Kakao und Kokosmilch mit einem Stabmixer pürieren. Chiasamen hinzufügen und unterrühren. In ein Glas gießen und für mindestens 1 Stunde in den Kühlschrank stellen.

Joghurt, etwas Vanilleextrakt und 30g Banane mit dem Stabmixer pürieren. Auf den Schokopudding geben und mit ein paar Nüssen garnieren.

Mandarinen-Kokos-Quark

19g	15g	33g	439	15
Kohlenhydrate	Eiweiß	Fett	Kalorien	Minuten

Zutaten

1/2 Mandarine
100g Magerquark
50ml Kokosmilch
20g Kokosraspeln
1 EL Kokosöl
20g Erythrit
10g Xylit Trinkschokolade

Zubereitung

Mandarine schälen und zerteilen.

In einer Schüssel Quark, Kokosmilch, 10g Kokosraspeln und 15g Erythrit gut miteinander verrühren. In einer zweiten Schüssel Xylit-Trinkschokolade, Kokosöl, 5g Erythrit und 8g Kokosraspeln miteinander vermischen.

Kokos-Quark, Kokos-Schokolade und Mandarine abwechseln in ein Glas schichten. Mit dem Kokosquark beginnen. Die letzte Schicht mit 2g Kokosraspeln bestreuen.

Milchschnitte

6g	21g	19g	345	25
Kohlenhydrate	Eiweiß	Fett	Kalorien	Minuten

Zutaten für 4 Schnitten

4 Eier
50g Mandelmehl
20g Kokosmehl
30g Kakao
80g Xylit
1 TL Backpulver
40ml Wasser
150g Sahne
150g Magerquark
8g Gelatine, vegetarisch
etwas Vanilleextrakt

Zubereitung

Ofen auf 200 °C vorheizen. Backblech mit Backpapier auslegen.

Eier und 50g Xylit in eine Schüssel geben und schaumig rühren. Kakao, Wasser, Kokosmehl, Mandelmehl und Backpulver hinzufügen und gut unterrühren.

Den Schokoteig auf das Backblech streichen. Die Höhe sollte etwa 0,5 cm betragen. Im Ofen für etwa 15 Minuten backen und anschließend gut abkühlen lassen.

Die Ränder des Schokokuchens sauber abschneiden und in der Mitte teilen damit 2 gleichgroße Kuchenplatten entstehen. Für die Füllung die Sahne steif schlagen. Den Quark mit 30g Xylit und Vanilleextrakt verrühren und anschließend die steife Sahne unterheben. Gelatine nach Packungsbeilage auflösen und unterrühren. Die Quark-Sahne-Mischung kurz kalt stellen damit die Masse etwas fester wird.

Die Füllung auf eine der beiden Kuchenhälften streichen. Die zweite Kuchenhälfte darauf setzen und im Kühlschrank für mindestens 4 Stunden kalt stellen.

Aus dem Kühlschrank nehmen und mit einem sehr scharfen Messer in vier Milchschnitten zerteilen. Gekühlt servieren.

Schokodessert

9g Kohlenhydrate

13g Eiweiß

20g Fett

256 Kalorien

40 Minuten

Zutaten für 2 Portionen

100g Joghurt
50g Mascarpone
20g Proteinpulver
50g Xylit
1 Orange
1 EL Kokosöl
etwas Vanilleextrakt
1 Prise Zimt
1 EL Kakao
1 TL gehackte Mandeln
1 TL gehackte Pistazien
optional verschiedene Beeren

Zubereitung

Eine halbe Orange auspressen.

Joghurt, Mascarpone, Proteinpulver, Orangensaft, Vanilleextrakt, Kokosöl und Xylit gut miteinander verrühren.

Zimt und Kakao hinzufügen und einrühren. Schokocreme in 2 kleine Schälchen füllen und für etwa 30 Minuten im Kühlschrank fest werden lassen.

Mit gehackten Mandeln und Pistazien garnieren und mit Orangenscheiben oder verschiedenen Beeren dekorieren.

Beerengratin

6g	21g	19g	345	25
Kohlenhydrate	*Eiweiß*	*Fett*	*Kalorien*	*Minuten*

Zutaten für 4 Gratins

1 Ei
100ml Sahne
40g gemahlene Mandeln
50g Mandelplättchen
30g Xylit
1 Vanilleschote
100g Blaubeeren
100g Himbeeren

Zubereitung

Ofen auf 180 °C vorheizen.

Ei mit Xylit schaumig schlagen. Gemahlene Mandeln und Sahne hinzufügen und unterrühren. Vanilleschote aufschneiden, das Mark auskratzen und in den Teig geben.

Beeren waschen, trocknen und in die Auflaufförmchen geben. Den Teig über die Beeren gießen und alles im Ofen für etwa 20 Minuten backen.

Mandeln in einer Pfanne goldbraun rösten und über die Aufläufe streuen.

Bounty-Quark

20g
Kohlenhydrate

16g
Eiweiß

55g
Fett

656
Kalorien

75
Minuten

Zutaten

100ml Schlagsahne
100g Magerquark
20g Kokosnuss, getrocknet
1 TL Kokosfett
25g Bitterschokolade
1 EL Erythrit
1/2 Vanilleschote

Zubereitung

Sahne in eine Schüssel geben und steif schlagen.

Quark, Erythrit und Vanilleextrakt in eine weitere Schüssel geben und miteinander verrühren. Kokosflocken hinzufügen und unterrühren. Geschlagene Sahne vorsichtig unterheben.

Schokolade zerkleinern und über dem Wasserbad vorsichtig schmelzen lassen. Kokosöl hinzugeben und flüssig werden lassen. Beides gut miteinander verrühren bis keine Klümpchen mehr zu sehen sind.

Kokosquark und flüssige Schokolade abwechselnd in ein Glas füllen. Einige Kokosraspeln und etwas gehackte Schokolade darüberstreuen. Dessert für mindestens 1 Stunde im Kühlschrank kalt stellen und anschließend kühl servieren.

Erdbeermousse

23g	23g	31g	467	135
Kohlenhydrate	Eiweiß	Fett	Kalorien	Minuten

Zutaten

120g Erdbeeren
150g Magerquark
100ml Schlagsahne
1 EL Zitronensaft
30ml Beerensaft
30ml Wasser
2 EL Erythrit
1/2 Vanilleschote
etwas Zitronenraspel
3g Agar Agar

Zubereitung

Quark mit 1 EL Erythrit verrühren. Zitronenraspel und Zitronensaft hinzufügen und unterrühren. Erdbeeren waschen und in kleine Stücke schneiden. Mit Wasser, Beerensaft und Erythrit vermengen und mit dem Stabmixer pürieren. In einen Topf geben. Mark der Vanilleschote und Agar Agar hinzufügen und etwa 5 Minuten köcheln lassen. Zur Seite stellen und abkühlen lassen.

Erdbeerpüree mit dem Quark verrühren. Sahne steif schlagen und unterheben.

Erdbeermousse für mindestens 2 Stunden im Kühlschrank fest werden lassen.

Brote & Kuchen

Limetten-Käsekuchen

10g
Kohlenhydrate

15g
Eiweiß

31g
Fett

386
Kalorien

230
Minuten

Zutaten

Kuchenboden
100g Kokosraspeln
120g Mandelmehl
3 EL Butter
2 EL Xylit

500g Frischkäse, light
400g Schlagsahne
20 Tropfen Stevia-Extrakt
150ml Limettensaft
100ml Wasser
100g Xylit
2g Gelatine, vegetarisch
etwas grüne Lebensmittelfarbe
20g Kokosraspeln

Zubereitung

Ofen auf 180 °C vorheizen. Springform (24cm) einfetten.

Für den Kuchenboden Kokosraspeln, Mandelmehl, geschmolzene Butter und Xylit vermischen und in die Springform drücken. 12 bis 15 Minuten backen.

In einer Schüssel die Sahne steif schlagen. In einer weiteren Schüssel den Frischkäse cremig rühren.

Die Gelatine im Wasserbad auflösen. Limettensaft, Wasser, restliches Xylit und Stevia unterrühren. Anschließend unter Rühren zum Frischkäse geben. Einige Tropfen Lebensmittelfarbe hinzugeben und unterrühren. Die Schlagsahne unter den Frischkäse heben und alles gleichmäßig in der Springform verteilen.

20g Kokosraspeln ohne Fett in einer Pfanne anrösten und den Kuchen damit garnieren. Den Kuchen etwa 3 bis 4 Stunden in den Kühlschrank stellen: Den Kuchen in 8 gleichgroße Stücke unterteilen.

Haselnusskuchen

to go

5g	8g	21g	250	40
Kohlenhydrate	Eiweiß	Fett	Kalorien	Minuten

OMEGA 3

Zutaten

- 80g Mandelmehl
- 60g Kokosmehl
- 1/2 Päckchen Backpulver
- 1/2 Vanilleschote
- 150ml Sahne
- 100ml Buttermilch
- 140g Xylit
- 2 Eier
- 6 Eiweiß
- 200g gemahlene Haselnüsse
- 20g Xylit-Puder

Zubereitung

Ofen auf 170 °C vorheizen.

Eier mit 70g Xylit schaumig rühren. Mandelmehl, Kokosmehl, Sahne, Buttermilch, Backpulver und das Mark der Vanilleschote hinzufügen und gut verrühren. Eine Springform (24cm) mit Backpapier auslegen, den Teig hineingeben und glatt streichen.

Eiweiß steif schlagen. Restlichen Xylit hinzufügen und kurz einrühren. Gemahlene Haselnüsse unterheben. Die Masse auf der ersten Teigschicht verstreichen.

Kuchen im Ofen für 30 bis 35 Minuten backen. Eventuell die letzten Minuten mit Alufolie bedecken.

Den Kuchen abkühlen lassen und mit Xylit-Puder bestreuen.

Den Kuchen in 9 gleichgroße Stücke unterteilen.

Himbeer-Joghurt-Torte

6g	9g	9g	146	280
Kohlenhydrate	Eiweiß	Fett	Kalorien	Minuten

Zutaten

250g Himbeeren
300g Joghurt
200ml Schlagsahne
3 Eier
70g Mandelmehl
1 EL Milch
1 EL Kakao
4 EL Xylit
8g Gelatine, vegetarisch
2 EL Zitronensaft
etwas Zitronenabrieb
1 Päckchen Tortenguss

Zubereitung

Ofen auf 180 °C vorheizen.

Für den Kuchenboden die Eier trennen. Eischnee steif schlagen. Mandelmehl, Eigelb, Kakao, Milch und 2 EL Xylit miteinander verrühren. Eischnee vorsichtig unterheben. Eine Springform (26cm) mit Backpapier auslegen, den Rand einfetten und den Teig einfüllen. Glatt streichen und im Ofen für etwa 25 Minuten backen. Aus dem Ofen nehmen und abkühlen lassen.

In der Zwischenzeit Joghurt mit dem restlichen Xylit und 100g Himbeeren pürieren. Zitronenabrieb einrühren.

Gelatine auflösen, Zitronensaft erwärmen gemeinsam auflösen.
Zu dem Joghurt geben und unterrühren. Sahne steif schlagen und unterheben.

Joghurtsahne auf dem Kuchenboden verteilen. Mit den restlichen Himbeeren belegen. Etwa 2 Stunden im Kühlschrank abkühlen lassen. Tortenguss nach Packungsbeilage zubereiten, über den Kuchen gießen und für weitere 2 Stunden in den Kühlschrank stellen.

Kuchen in etwa 10 Stücke unterteilen und kühl servieren.

Beerenkuchen

5g
Kohlenhydrate

12g
Eiweiß

18g
Fett

234
Kalorien

55
Minuten

Zutaten

200g gemahlene Mandeln
2 Eier
70g Butter
50g Xylit
1/2 Vanilleschote
500g Magerquark
125g Brombeeren
125g Himbeeren
etwas Zitronenabrieb

Zubereitung

Ofen auf 190 °C vorheizen.

Für den Kuchenboden Butter weich werden lassen. Mit den gemahlenen Mandeln, 1 Ei und 30g Xylit vermengen. Zu einem Teig kneten. Eine Springform (24cm) mit Backpapier auslegen. Die Mandelmasse gleichmäßig darin verstreichen. Im Ofen für etwa 15 bis 20 Minuten backen.

Beeren waschen und abtropfen lassen. Auf dem vorgebackenen Kuchenboden verteilen.

Ei trennen. Eiweiß zu Eischnee schlagen. Das Eigelb mit dem Quark und dem restlichen Xylit gut verrühren. Das Mark der Vanilleschote und Zitronenabrieb unterrühren. Eischnee unterheben, den Teig über die Beeren geben und verstreichen.

Für weitere 25 bis 30 Minuten im Ofen backen.

Ein Kuchen ergibt etwa 10 Kuchenstücke.

to go

Apfelkuchen

10g	8g	30g	390	65
Kohlenhydrate	Eiweiß	Fett	Kalorien	Minuten

OMEGA 3

Zutaten

3 Äpfel
4 Eier
150g gemahlene Mandeln
50g Vollkorn-Dinkelmehl
200g Butter
50 g Xylit
50 g Xylit-Puder
etwas Vanillearoma
1 Prise Zimt
etwas Xylit-Puder zum Bestreuen

Zubereitung

Ofen auf 170 °C vorheizen.

Eier mit Xylit und Xylit-Puder schaumig rühren.

Butter schmelzen. Zusammen mit dem Mehl und den gemahlenen Mandeln zu der Ei-Masse geben und alles gut miteinander verrühren. Zimt und Vanillearoma einrühren.

Äpfel schälen und in kleine Stücke schneiden. Mit dem Teig vermengen.

Eine Springform (24-26cm) einfetten und den Teig einfüllen. Im Ofen für etwa 50 Minuten backen.

Apfelkuchen abkühlen lassen und mit Xylit-Puder bestreuen.

Den Kuchen in 8 gleichgroße Stücke unterteilen.

Frischkäse-Beeren-Kuchen

8g	7g	28g	335	170
Kohlenhydrate	Eiweiß	Fett	Kalorien	Minuten

OMEGA 3

Zutaten

200g Erdbeeren
125g Himbeeren
50g gehackte Haselnüsse
50g gehackte Mandeln
50 g Kokosraspeln
50 g Zartbitterschokolade, 80%

50g Xylit
1 EL Kokosöl
200g Frischkäse
200ml Schlagsahne
1 Packung Gelatine, vegetarisch oder Agar Agar
etwas Vanilleextrakt

Zubereitung

Haselnüsse, Mandeln und Kokosraspeln in einer Schüssel miteinander vermengen.

Schokolade und Kokosöl über dem Wasserbad vorsichtig schmelzen lassen. Gut verrühren. Zum Nuss-Kokos-Mix geben und alles gut miteinander verrühren. Die Masse in eine mit Backpapier ausgelegte Springform (24cm) geben, gleichmäßig verteilen und festdrücken. Für mindestens 30 Minuten im Kühlschrank fest werden lassen.

In der Zwischenzeit die Beeren waschen und mit dem Stabmixer gut pürieren. Eine kleine Menge des Pürees abschöpfen und zur Seite stellen. Frischkäse, Xylit und Vanilleextrakt miteinander verrühren. Beerenpüree hinzugeben und unterrühren.

Sahne steif schlafen und zu der Frischkäse-Beeren-Mischung geben. Alles vorsichtig miteinander vermengen. Gelatine oder Agar Agar nach Packungsbeilage zubereiten und unterrühren.

Frischkäse-Beeren-Creme auf den Kuchenboden geben und glatt streichen. Für ein schönes Muster das restliche Beerenpüree darüberträufeln. Den Kuchen für mindestens 2 Stunden (am besten über Nacht) im Kühlschrank fest werden lassen. Anschließend kühl servieren.

Den Kuchen in 8 gleichgroße Stücke unterteilen.

Käsekuchen mit Himbeeren

6g
Kohlenhydrate

9g
Eiweiß

12g
Fett

208
Kalorien

130
Minuten

Zutaten

4 Eier
1 Prise Salz
500g Magerquark
250g Frischkäse
200g Schmand
50 g Kokosmehl
100g Xylit
etwas Zitronensaft
1 Packung Vanille-Puddingpulver
etwas Vanilleextrakt
250g Himbeeren
1 EL Xylit-Puder

Zubereitung

Ofen auf 160 °C vorheizen. Springform (28 cm) einfetten.

Eier trennen. Eiweiß mit einer Prise Salz steif schlafen.

Die restlichen Zutaten (bis auf das Xylit-Puder) mit dem Eigelb verrühren und anschließend den Eischnee vorsichtig unterheben.

Den Teig in die Springform füllen und mit den Himbeeren belegen. Die Himbeeren dabei etwas eindrücken.

Den Kuchen im Ofen für etwa 50 bis 60 Minuten backen. Eventuell die letzten Minuten mit Alufolie abdecken. Der Kuchen sollte nicht zu dunkel werden.

Den Kuchen aus dem Ofen nehmen und abkühlen lassen. Anschließend für mehrere Stunden im Kühlschrank fest werden lassen.

Den Kuchen vor dem Servieren mit Xylit-Puder bestreuen.
Der Käsekuchen ergibt etwa 10 Kuchenstücke.

Schoko-Kokos-Kuchen

5g	5g	26g	291	105
Kohlenhydrate	Eiweiß	Fett	Kalorien	Minuten

Zutaten

200g Kokosraspeln
6 Eier
250g Mascarpone
200g Griechischer Joghurt
100g Xylit-Puder
20g Xylit
3 TL Kakao
1 TL Backpulver
etwas Vanilleextrakt
20g Kokoschips

Zubereitung

Ofen auf 180 °C vorheizen. Springform (24cm) mit Backpapier auslegen.

Eier trennen und das Eiweiß steif schlagen. Während des Rührens langsam das Xylit-Puder und das Backpulver hinzufügen. Wenn das Eiweiß richtig steif ist, vorsichtig die Kokosraspeln unterheben.

Die Kokos-Masse in die Springform füllen und glatt streichen. Im Ofen für etwa 30 Minuten backen. Aus dem Ofen nehmen und abkühlen lassen.

Für den Belag Mascarpone, Joghurt, Xylit, Vanilleextrakt und Kakao miteinander verrühren. Auf den Kuchenboden geben und glatt streichen. Kokoschips darüber streuen.

Den Kuchen für etwa 60 Minuten im Kühlschrank kalt stellen.

Den Kuchen in 10 gleichgroße Stücke unterteilen.

Bananenbrot

9g	9g	17g	244	55
Kohlenhydrate	*Eiweiß*	*Fett*	*Kalorien*	*Minuten*

Zutaten

3 Bananen
4 Eier
200g gemahlene Mandeln
2 EL Kokosöl
1 EL Xylit
1 Prise Zimt
etwas Vanilleextrakt
1 TL Weinstein Backpulver
1 EL Haselnüsse

Zubereitung

Ofen auf 180 °C vorheizen. Kastenform gut einfetten.

Bananen mit dem Stabmixer pürieren.

Eier, Xylit, Zimt und Vanilleextrakt miteinander verquirlen. Bananenpüree unterrühren.

Gemahlene Mandeln, Backpulver und Kokosöl hinzufügen und alles gut miteinander verrühren.

Den Teig in die Kastenform füllen und mit einigen gehackten Haselnüssen bestreuen.

Im Ofen für etwa 45 Minuten backen. Eventuell die letzten Minuten mit Alufolie abdecken.

Das Bananenbrot gut abkühlen lassen und aus der Kastenform stürzen. In 9 Scheiben schneiden und servieren.

Toastbrot

to go

8g	19g	9g	195	35
Kohlenhydrate	*Eiweiß*	*Fett*	*Kalorien*	*Minuten*

OMEGA 3

Zutaten

25g Weizenkleie
60g Magerquark
8g Leinsamen
1 Ei
2 TL Flohsamenschalen

Zubereitung

Backofen auf 180 °C Umluft vorheizen und ein Backblech mit Backpapier bereitstellen.

Weizenkleie mit Leinsamen und den Flohsamenschalen vermischen. Leinsamen könnte man auch weglassen oder durch Sonnenblumenkerne oder ähnliches ersetzen. Magerquark und Ei dazugeben. Optional könnte man etwas Kokosmehl oder ein TL Backpulver dazu geben.

Alles vermischen und für 10 Minuten ruhen lassen.

Anschließend in Form von 2 Toasts auf dem Backblech verteilen. Zum Glätten bei Bedarf eine Frischhaltefolie verwenden. Dann für ca. 15 Minuten auf mittlerer Höhe backen. In der Zwischenzeit den Belag nach Wunsch vorbereiten. Dann das Blech aus dem Ofen nehmen und etwas abkühlen lassen. Toasts teilen und vom Backpapier lösen.

Toasts nach Wunsch belegen und in ein Backpapier oder eine Serviette einpacken und servieren.

Belag im Bild: rote Zwiebeln, Salat, Käse, Schinken, Tomaten, Sprossen, Salz & Pfeffer sowie etwas Petersilie.

Paprika-Brötchen

to go

10g	18g	23g	343	70
Kohlenhydrate	Eiweiß	Fett	Kalorien	Minuten

Zutaten für 3 Portionen

OMEGA 3

1 Paprika
1 Schalotte
3 Eier
100g Schmand
20g Kokosmehl
5g Dinkelkleie
50g Mandelmehl
1/2 TL Backpulver
20g Walnüsse
1/2 TL Honig
1 EL Olivenöl
1 Prise Salz
1 Prise Pfeffer

Zubereitung

Ofen auf 180 °C vorheizen. Backblech mit Backpapier auslegen.

Paprika waschen und in kleine Stücke schneiden. Schalotte hacken. Beides in eine Schüssel geben. Öl und Honig hinzufügen und alles miteinander vermengen. Paprika-Schalotten-Mix auf das Backblech geben und im Ofen für etwa 20 Minuten rösten. Aus dem Ofen nehmen, vom Backblech nehmen und zur Seite stellen.

Für den Brötchenteig Eier und Schmand miteinander verquirlen. Mit Salz und Pfeffer würzen. Die restlichen Zutaten hinzufügen und alles zu einem Teig verrühren.

Paprika-Schalotten-Mix und zerkleinerte Walnüsse zum Teig geben und unterheben.

Aus dem Teig 3 Brötchen formen, auf das Backblech legen und für 35 bis 40 Minuten backen.

Brötchen aus dem Ofen nehmen und vor dem Servieren etwas abkühlen lassen.

Möhrenbrot

3g
Kohlenhydrate

8g
Eiweiß

14g
Fett

180
Kalorien

110
Minuten

Zutaten

200g Karotten
4 Eier
100g gemahlene Mandeln
50g Haselnüsse
50g geschrotete Leinsamen
30g Flohsamenschalen
2 TL Backpulver
2 TL Salz
2 EL Rapsöl

Zubereitung

Ofen auf 180 °C. Backblech mit Backpapier auslegen.

Karotten schälen und direkt auf das Backblech raspeln. Im Ofen für 20 Minuten trocknen lassen. In der Zwischenzeit die restlichen Zutaten in eine Rührschüssel geben und mit den Knethaken der Küchenmaschine kneten. Getrocknete Karotten zum Teig geben und alles nochmals gut miteinander verkneten.

Eine Kastenform mit Backpapier auslegen, den Teig einfüllen und im Ofen für 55 bis 60 Minuten backen.

Das Möhrenbrot aus dem Ofen nehmen und gut abkühlen lassen. Vor dem Anschneiden einige Stunden durchziehen lassen.

Das Brot lässt sich in 10 gleichgroße Scheiben teilen.

Zucchinibrot

to go

3g
Kohlenhydrate

11g
Eiweiß

15g
Fett

203
Kalorien

60
Minuten

Zutaten

- 200g Zucchini
- 3 Eier
- 150g Quark
- 40g Kokosmehl
- 2 TL Backpulver
- 100g gemahlene Mandeln
- 40g Sonnenblumenkerne
- 40g Leinsamen
- 20ml Rapsöl
- 100g Reibekäse
- 1 Prise Salz

OMEGA 3

Zubereitung

Ofen auf 200 °C vorheizen. Kastenform mit Backpapier auslegen.

Zucchini raspeln und anschließend durch ein Küchentuch gut ausdrücken. Es sollte so viel Flüssigkeit wie möglich entweichen.

Eier mit Quark und Salz verquirlen.

Gemahlene Mandeln, Öl, Kokosmehl und Backpulver hinzufügen und unterrühren. Leinsamen und Sonnenblumenkerne zum Teig geben und einrühren.

Zucchiniraspel und Reibekäse dazugeben und unterheben.

Teig in die Kastenform füllen und im Ofen für etwa 45 Minuten backen.

Aus dem Ofen nehmen und abkühlen lassen. Vorsichtig aus der Kastenform stürzen, in Scheiben schneiden und servieren.

Das Brot in 10 gleichgroße Scheiben teilen.

Chia-Quark-Brot

to go

4g	14g	18g	242	60
Kohlenhydrate	Eiweiß	Fett	Kalorien	Minuten

OMEGA 3

Zutaten

500g Magerquark
300g gemahlene Mandeln
50g Chia-Samen
1 Packung Backpulver
1 Prise Salz

Zubereitung

Backofen auf 180 °C Umluft vorheizen und ein Backblech mit Backpapier bereitstellen.

Der Brotlaib kann direkt auf dem Backpapier oder aber auch in einer extra Brotbackform gebacken werden. Ganz wie du willst.

Chia-Samen in einem Mörser etwas zerstoßen und mahlen.

Magerquark in eine Schüssel geben und die Chia-Samen dazu geben und gut vermischen. Alles für mindestens 10 bis 15 Minuten ziehen und quellen lassen.

In der Zwischenzeit in einer extra Form die gemahlenen Mandeln mit dem Backpulver und Salz gut vermengen und anschließend zum Chia-Quark in die Schüssel geben und gut vermischen.

Alles in eine Backform geben oder mit einem Schaber auf das Backblech verteilen und glattstreichen.

Für ca. 45 Minuten im vorgeheizten Ofen backen. Das Brot wird außen sehr braun (und so soll es ja auch werden). Also keine Angst, wenn das Brot schon nach 30 Minuten sehr dunkel ist.

Nach dem Backen ordentlich (zum Beispiel auf einem Balkon) auskühlen lassen. Erst nach dem Abkühlen aufschneiden. Guten Appetit.

Das Brot in 10 gleichgroße Scheiben teilen.

Sesambrötchen

to go

5g	21g	16g	280	85
Kohlenhydrate	*Eiweiß*	*Fett*	*Kalorien*	*Minuten*

OMEGA 3

Zutaten für 3 Brötchen

40g Mandelmehl
50g Sojamehl
50g gemahlene Leinsamen
30g Flohsamenschalen
30g Sesamsamen
10g Backpulver
2 Eiweiß
1 Prise Salz
250ml Wasser

Zubereitung

Ofen auf 180 °C vorheizen. Backblech mit Backpapier auslegen.

Sojamehl, Mandelmehl, Leinsamen, Sesam, Flohsamenschalen, Backpulver und Salz in eine Schüssel geben. Eiweiß und Wasser hinzufügen und alles gut miteinander verrühren. Zum Schluss nochmals mit den Händen verkneten und kurz gehen lassen.

Aus dem Teig 3 Brötchen formen. Mit einem feuchten Messer kreuzförmig einritzen und auf das Backblech legen.

Im Ofen für 55 Minuten backen. Nach dieser Backzeit den Ofen ausschalten, die Ofentür einen Spalt öffnen und die Brötchen für weitere 15 Minuten im Ofen lassen.

Die Brötchen aus dem Ofen nehmen und abkühlen lassen.

Focaccia

3g Kohlenhydrate
3g Eiweiß
4g Fett
65 Kalorien
50 Minuten

Zutaten

3 Eier
30g Kichererbsenmehl
20g Flohsamenschalen
30g Butter
1 TL Backpulver
2 EL Mineralwasser
150g Kirschtomaten
2 TL Italienische Kräuter
1 Prise Salz

Zubereitung

Ofen auf 180 °C vorheizen. Eine Quicheform mit Backpapier auslegen. Damit das Backpapier nicht verrutscht, die Form zuerst mit etwas Butter einfetten.

Die Eier trennen. Das Eiweiß steif schlagen.

Das Eigelb mit etwas Salz, Wasser und geschmolzener Butter verrühren. Kichererbsenmehl, Backpulver und Flohsamenschalen unterrühren.

Die Hälfte des Eischnees unterrühren und anschließend den restlichen Eischnee unterheben.

Den Teig in die Form füllen und glatt streichen. Mit den Tomaten belegen. Getrocknete Kräuter und etwas grobes Meersalz darüber streuen. Im Ofen für etwa 35 bis 40 Minuten backen.

Focaccia aus dem Ofen nehmen, das Backpapier entfernen und in etwa 10 Stücke schneiden.

Nussbrot

4g	14g	28g	340	70
Kohlenhydrate	Eiweiß	Fett	Kalorien	Minuten

Zutaten

- 100g Haselnüsse
- 50g Kürbiskerne
- 50g Sonnenblumenkerne
- 50g Sesam
- 100g Mandelmehl
- 100g gemahlene Walnüsse
- 3 EL Sonnenblumenöl
- 5 Eier
- 1/2 TL Salz

Zubereitung

Ofen auf 170 °C vorheizen. Kastenform mit Backpapier auslegen.

Eier mit Salz und Öl verquirlen. Mandelmehl und gemahlene Walnüsse hinzufügen und unterrühren.

Restliche Zutaten hinzufügen und unterrühren. Den Teig in die Kastenform füllen und im Ofen für etwa 60 Minuten backen.

Brot aus dem Ofen nehmen und komplett abkühlen lassen. Vor dem Anschneiden am besten einige Stunden durchziehen lassen.

Das Brot in 10 gleichgroße Scheiben teilen.

Dönerbrot

to go

6g
Kohlenhydrate

37g
Eiweiß

18g
Fett

368
Kalorien

34
Minuten

Zutaten

80g Mandelmehl
1 EL geschrotete Leinsamen
1 EL Sonnenblumenkerne
2 EL Flohsamenschalen
1 Prise Salz
100g Frischkäse
1/2 TL Backpulver
2 Eier
1 TL Olivenöl

OMEGA 3

Zubereitung

Backofen auf 200 °C Umluft vorheizen. Backblech mit Backpapier bereitstellen.

Alle Zutaten in einer großen Schale vermischen bis eine gleichmäßige Teigmasse entsteht. Alles für mindestens 10 Minuten ziehen lassen.

Etwas normales Mehl auf den Handflächen verteilen damit man den Teig gut formen kann und nicht alles kleben bleibt.

Das Brot in die gewünschte Form bringen und darauf achten, dass alles noch mindestens 2cm dick bleibt. Der Teig geht nicht sonderlich auf und muss später noch aufgeschnitten werden.

Für 12 Minuten backen und anschließend vorsichtig wenden. Nochmals 12 Minuten backen. Nach Bräunungsgrad und Gefühl noch ein paar Minuten drauf geben. Dann aus dem Ofen nehmen und für 5 Minuten abkühlen lassen.

Anschließend vorsichtig aufschneiden und befüllen. Dann nochmals in 2 Teile schneiden (für 2 Portionen). Das Brot macht sehr satt und reicht daher für 2 Portionen.

Dips

Chaffles: Die Mischung aus **Ch**eese und W**affles**. Die Zubereitung gelingt am besten in einem leicht eingefetteten Waffeleisen mit stufenlos regelbarer Temperatur bei mittlerer Hitze.

DER DIP-TIPP: #CHAFFLES

2 Chaffles: 1 Ei + 50g Reibekäse

Humus Base

Humus-Grundrezept

Für die folgenden 3 Dips benötigen wir
eine Dose eingelegte Kichererbsen.
Dazu gehst du wie folgt vor:

Anleitung

Kichererbsen in ein Sieb abschütten und gründlich mit kaltem Wasser abspülen.

Alles in eine kleine Schale oder einen Becher geben und pürieren.

Etwa drei EL Sojajoghurt oder auch einfach Naturjoghurt dazu geben.

Ein bis zwei EL Olivenöl (oder auch andere Öle nach Wunsch) hinzugeben.

Alles mit etwas Salz und Pfeffer würzen und verrühren.

Fertig ist unser Basis-Humus für die Dips.

Alles in drei (oder mehr) Teile aufteilen.

Humus-Avocado-Dip

22g
Kohlenhydrate

10g
Eiweiß

24g
Fett

346
Kalorien

10
Minuten

Zutaten

1/3 der Humus Base
1/2 Avocado
1 Knoblauchzehe
etwas Zitronensaft
1 Prise Salz
1 Prise Pfeffer
etwas hellen Sesam

Zubereitung

Avocado dazu halbieren und den Kern entfernen. Ein Hälfte in einer kleinen Schale mit einer Gabel zerdrücken und mit Knoblauch und Zitronensaft zur Humus-Basis geben und unterrühren. Anschließend noch hellen Sesam dazu geben und abschmecken und gegebenenfalls nachwürzen. Schmeckt perfekt zu Rohkost oder Käse-Chips.

Rote-Bete-Humus

19g	7g	7g	188	10
Kohlenhydrate	*Eiweiß*	*Fett*	*Kalorien*	*Minuten*

Zutaten

1/3 der Humus Base
3 EL Rote Bete (Glas)
etwas Zitronensaft
1 Stange Frühlingszwiebel
1 Prise Salz
1 Prise Pfeffer
1 Prise Rosmarin
frische Kresse

Zubereitung

Um Farbe und Geschmack des Dips einfach mal krass zu verändern, reicht schon eine kleine Menge Rote Bete.

Dazu noch ein paar Spritzer frischen Zitronensaft und eine Handvoll geschnittene Frühlingszwiebel hinzufügen. Mit Salz, Pfeffer und Rosmarin würzen und nochmals alles pürieren.

Schmeckt auch noch nach Tagen im Kühlschrank herrlich frisch nach einer Mischung aus Roter Bete und Humus. Mit ein paar Frühlingszwiebeln und frischer Kresse toppen.

Paprika-Chili-Humus

21g	8g	15g	273	10
Kohlenhydrate	Eiweiß	Fett	Kalorien	Minuten

Zutaten

1/3 der Humus Base
1/2 Paprika
1 Tomate
1 Chili
1 EL Olivenöl
1 Prise Salz
1 Prise Pfeffer

Zubereitung

Paprika, Tomate und Chili mit Olivenöl zur Humus-Basis dazupürieren.

Anschließend mit Salz und Pfeffer würzen und abschmecken.

Quark-Kräuter-Dip

13g
Kohlenhydrate

34g
Eiweiß

24g
Fett

417
Kalorien

10
Minuten

Zutaten

250g Magerquark
3 EL Olivenöl
1 Prise Salz
1 Prise Pfeffer
1 Knoblauchzehe
1 Schuss Milch
frischer Schnittlauch

Zubereitung

Magerquark in eine Schale geben und einen Schuss Milch dazugeben. Mit einem Löffel oder einem Schaber vorsichtig cremig rühren.

Knoblauch, Gewürze und den Schnittlauch einrühren und abschmecken. Ein paar Minuten ziehen lassen.

Perfekt als Rohkost-Dip oder als Protein-Aufstrich. Auch lecker mit frischer Kresse und Radieschen.

Auberginen-Frischkäse-Dip

to go

16g	9g	26g	337	10
Kohlenhydrate	Eiweiß	Fett	Kalorien	Minuten

Zutaten

100g Frischkäse
1 Aubergine
1/2 Paprika
1 Chili
1 kleine rote Zwiebel
etwas Zitronensaft
1 Prise Salz
1 Prise Pfeffer

Zubereitung

Aubergine halbieren, mit der Gabel einstechen und bei 180 Grad für 45 Minuten backen.

Auberginenfleisch und restliche Zutaten in einen Becher geben.

Mit einer Maschine pürieren. Nochmals abschmecken und in einer Schale servieren.

Sport zu Hause

Eine Mitgliedschaft im Fitnessstudio ist nicht zwingend erforderlich. Genauso wie du nicht zwingend Sport treiben musst. Warum es aber trotzdem sehr gut und überaus förderlich für deine Ziele ist, habe ich in den Kapiteln zuvor schon deutlich beschrieben. Auf den folgenden Seiten möchte ich dir ein paar **einfache Übungen** empfehlen. **Vor der Durchführung von Übungen jeder Art solltest du dich von einem Personal Trainer aus einem Fitnessstudio deiner Wahl beraten lassen.** Die Übungen welche ich dir empfehlen werde, eignen sich neben deiner Ernährung als Unterstützung zum Erhalt deiner Muskelmasse und du wirst dich gesünder, straffer und fitter damit fühlen. **Die folgenden Übungen stellen keinen Trainingsplan dar, sondern sollen zeigen, wie einfach auch ein Training zu Hause sein kann.**

Häufigkeit und Intensität

Zur Unterstützung deiner Ernährung reichen dir **pro Woche 3 Trainingseinheiten** von **mindestens 30 Minuten**. Diese kannst du zum Beispiel Montag, Mittwoch und Freitag durchführen. Die restlichen Tage und vor allem zwischen den Trainingstagen solltest du einen **Ruhetag** einbauen. Die Ruhetage sind sehr wichtig, damit sich dein Körper von den Übungen erholt. Alle Übungen sind für den „Heimgebrauch" erprobt und durch unsere Workout-Experten geprüft.

Ablauf

Eine Trainingseinheit wird dabei in **3 Abschnitte** eingeteilt: Das Warm-Up, das eigentlichen Workout und der Cool-Down. Die Reihenfolge der einzelnen Übungen kannst du einfach nach Anweisung befolgen oder auch selbst festlegen. Wichtig ist nur, dass du alle Übungen **in Ruhe und sauber** ausführst. Nimm dir ausreichend Zeit für dein Workout und halte die Pausen zwischen den Sätzen ein.

Was brauchst du?

Die meisten Übungen sind ganz ohne Geräte möglich. Falls es dir aber möglich ist, sind kleine Hanteln (mit leichtem Gewicht) und eine Yoga- oder Fitness-Matte sinnvolle Investitionen welche dir das Training erleichtern.

Hinweis

Die folgenden Beispiele **sind kein Trainingsplan** und können abgewandelt und variiert werden. Es eignet sich als Einstieg in die Übungen zu Hause. Als Anfänger ist eine Einweisung durch einen Personal Trainer notwendig.

Anweisungen

Egal ob du ein erfahrener Fitness-Junkie oder Anfänger bist: Lese dir die folgenden Tipps und Anweisungen aufmerksam durch und halte dich daran:

- **Dein Fokus:** Konzentriere und freue dich auf den Beginn der Übung und nicht darauf wie anstrengend und lange die Übung sein kann oder wird. Lege deine Matte aus, wähle dir passende und motivierende Musik auf die du gerne hörst.
- **Dein Zeitpunkt:** Wähle einen für dich passenden Zeitpunkt für dein Training. Für mich ist das der Morgen, für andere der Abend. Wichtig für deine Wahl: trainiere nicht nach einer großen Mahlzeit. Außerdem solltest du zwischen 7 und 9 Stunden pro Tag schlafen. Deinen gewählten Zeitpunkt solltest du nach Möglichkeit als Routine beibehalten.
- **Deine Routine:** Reserviere dir feste Tage und Zeiten für dein Training. Das erleichtert dir deine Routine zu festigen und stärkt deine Konstanz.
- **Dein Programm:** Folge deinem Programm und versuche nicht Ausreden für bestimmte Übungen zu finden. Lasse keine Übungen aus.
- **Deine Ruhetage:** Verwende deine trainingsfreien Tage mit Bedacht und sitze nicht nur die ganze Zeit herum. Trainingsfrei heißt nicht, dass du nicht zum Beispiel spazieren gehen kannst.
- **Deine Durchführung und dein Fortschritt:** Befolge die Anweisungen zu den Übungen genau um deine Erfolge zu erreichen und Verletzungen zu vermeiden. Schreibe dir zu den verschiedenen Übungen deine Wiederholungen auf um einen besseren Überblick über deine Fortschritte zu haben.

Warm-Up

Das Aufwärmen ist wichtig um Verletzungen vorzubeugen & den Körper & die Muskeln auf die bevorstehende Belastung vorzubereiten. Dein Blutdruck & deine Atmung werden gesteigert, deine Körpertemperatur erhöht sich und du kannst dich mental auf deine physischen Aufgaben vorbereiten. Lasse das Warm-Up nie ausfallen. Mache **zwischen Warm-Up Übungen 30 Sekunden Pause**.

Dehnübung Oberschenkel
Setze dich auf den Boden und strecke deine Beine nach vorne aus. Greife nun mit deinen Händen die Fußspitzen. Um eine Dehnung zu erzeugen ziehe die Fußspitzen zu dir heran. Solltest du die Fußspitzen nicht erreichen, versuche die Arme so weit wie möglich in Richtung Fußspitzen zu bewegen.

3 Mal je 10 Sekunden

Dehnübung Rumpf
Stelle dich mit schulterbreitem Stand aufrecht hin. Stütze mit deiner rechten Hand die Hüfte und führe deine linke Hand über deinen Kopf bis du den Dehnreiz spürst. Wiederhole die Übung und tausche die Seiten.

3 Mal jede Seite je 10 Sekunden

Dehnübung Schulter
Halte den Arm der zu dehnenden Seite waagerecht vor die Brust und greife mit der Hand des anderen Arms auf Höhe des Ellenbogen darüber. Drücken den Arm am Ellenbogen an die Brust.

2 Mal jede Seite je 20 Sekunden

Dehnübung Trizeps

Bewege deinen rechten Arm hinter deinen Kopf und ziehe mit deiner linken Hand den rechten Ellenbogen Richtung Kopf bis du den Dehnreiz spürst. Anschließend wechselst du die Seiten.

2 Mal jeder Seite je 10 Sekunden

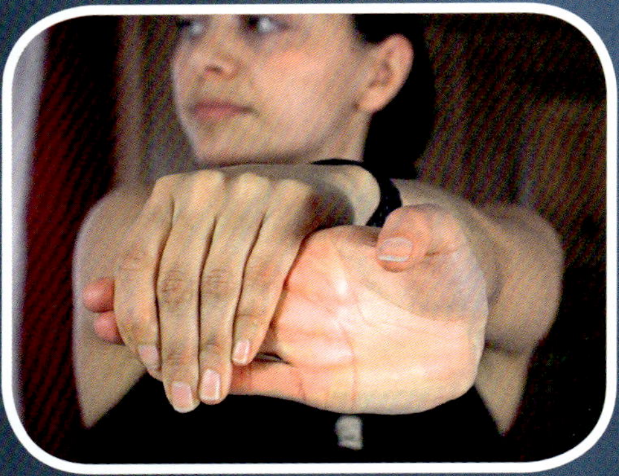

Dehnübung Unterarme/Gelenk

Fasse mit der rechten Hand die Innenseite der linken Hand und strecke diese aus. Ziehe nun die Innenseite der Hand zu dir heran. Anschließend wechselst du die Seiten.

2 Mal jede Seite je 10 Sekunden

Dehnübung Beininnenseite

Ein Bein angewinkelt zur Seite setzten und dann versuchen möglichst tief mit dem Körper zum Boden zu kommen. Anschließend die Seite wechseln.

2 Mal jede Seite je 20 Sekunden

Workout

Mach nach den Dehnübungen zwei Minuten Pause und trinke etwas. Dein Körper ist jetzt „auf Temperatur" und es kann mit dem Haupt-Workout losgehen. Wenn bei den Hauptübungen keine Wiederholungszahlen angegeben sind, führe die Übungen einfach so lange durch bis du nicht mehr kannst. **Die Pausen zwischen den Sätzen sollten etwa 30 Sekunden bis eine Minute lang sein.**

Bird-Dog-Übung

20 Wiederholungen links und rechts abwechselnd, 3 Sätze

Rückenstrecker, Bauchmuskeln, Po

Knie dich auf den Boden und stütze dich mit den Armen nach vorne ab („auf alle Viere"). Achte auf einen geraden Rücken und halte deinen Kopf in Verlängerung der Wirbelsäule. Die Arme und Beine sollten senkrecht zum Boden stehen. Dein Blick sollte Richtung Boden gerichtet sein. Spanne deinen Bauch an. Strecke jeweils diagonal den rechten Arm und das linke Bein sowie den linken Arm und das rechte Bein abwechselnd aus.

Squat (Kniebeuge)

8 bis 12 Wiederholungen, 2 bis 3 Sätze

Oberschenkel (vorne/hinten), Po

Stelle dich etwas mehr als schulterbreit und mit leicht nach außen gedrehten Füßen auf. Deine Knie und die Zehenspitzen zeigen dabei immer in eine Richtung (das sollten sie auch während der Übung immer tun). Die Arme werden waagerecht und ausgestreckt vom Körper gehalten und dein Oberkörper ist leicht nach vorne gebeugt.

Die Körperspannung während der Übung ist sehr wichtig. Konzentriere dich also vor der Durchführung darauf. Beuge nun langsam die Knie bis deine Oberschenkel parallel zum Boden stehen. Deine Kniespitzen sollten nicht über deine Zehen hinausragen. Schiebe deinen Körper über deine Fersen in die Ausgangslage.

Tipp Erhöhe die Anzahl der Wiederholungen um dich zu verbessern. Zusätzlich kannst du dir auch einen Rucksack mit leichter Füllung aufsetzen um dich zu verbessern.

Crunch (Bauchpresse)

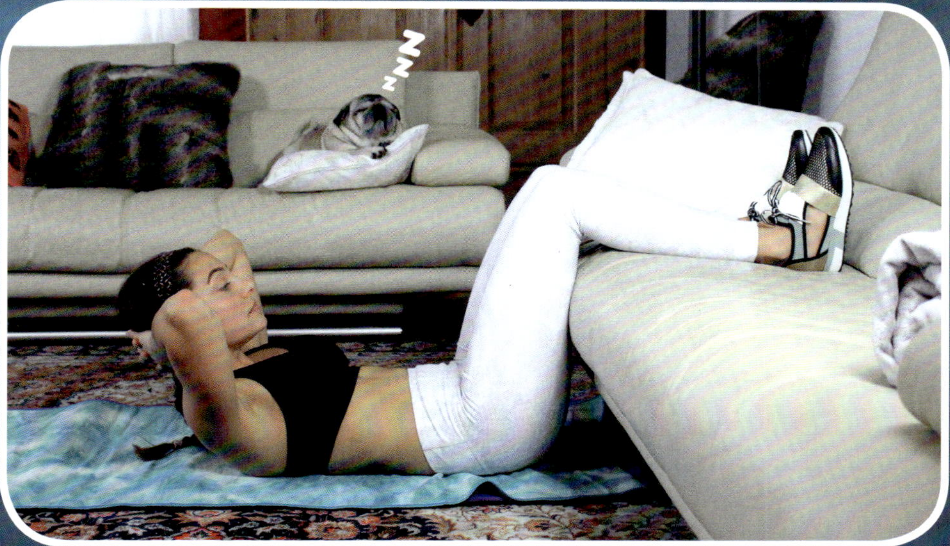

15 bis 25 Wiederholungen, 2 bis 3 Sätze

Bauchmuskeln

Lege dich flach auf deine Fitnessmatte. Falte deine Hände im Genick hinter deinem Kopf. Winkle deine Knie etwa 90° an und stelle deine Füße flach auf den Boden. Alternativ kannst du die Beine auch ausgestreckt leicht anheben oder deine Füße auf einen Stuhl oder ein Sofa legen (auch mit 90° angewinkelten Beinen).

Hebe deine Schultern an, so dass dein unterer Rücken auf dem Boden verbleibt. Rolle deinen oberen Rücken etwas ein während du deine Brust in Richtung deiner Knie bewegst. Halte die höchste Position kurz und wiederhole die Bewegung mehrfach.

Tipp

Die Pausen zwischen deinen Sätzen solltest du bei dieser Übung sehr kurz ansetzen. Wenn du kannst, machst du bereits nach wenigen Sekunden weiter. So wird die Belastung für deine Bauchmuskeln deutlich effektiver.

Hip Extension (Hüftstrecken)

8 bis 12 Wiederholungen, 2 bis 4 Sätze

Po

Knie dich auf den Boden und stütze dich mit den Armen nach vorne ab („auf alle Viere"). Achte auf einen geraden Rücken und halte deinen Kopf in Verlängerung der Wirbelsäule. Die Arme und Beine sollten senkrecht zum Boden stehen. Dein Blick sollte Richtung Boden gerichtet sein. Führe ein Bein entweder angewinkelt (leicht) oder fast gerade (schwerer) nach oben bis dein Oberschenkel waagerecht zum Boden steht. Halte diese Position kurz und bringe das Bein dann langsam zurück in die Ausgangsposition. Wiederhole die Übung mit deinem anderen Bein.

Tipp

Lass dir vor der Übung etwas auf den Rücken legen und versuche den Gegenstand während der Übung dort zu balancieren.

Push Ups (Liegestütz)

8 Wiederholungen, 3 Sätze

Brustmuskel

Knie dich auf den Boden. Beuge dich nach vorne und stütze dich mit deinen Händen auf dem Boden ab. Deine Hände platzierst du senkrecht unter deinen Schultern - sie stützen deinen Oberkörper. Die Finger bleiben zusammen und zeigen dabei nach vorne. Rücken gerade lassen und die Beine nach hinten ausstrecken und mit den Zehen auf dem Boden abstützen (zusammen oder auf Breite der Schultern). Beuge langsam deine Arme. Die Ellenbogen bewegen sich dabei nach außen und leicht schräg nach hinten. Lasse deinen Oberkörper absinken bis du mit der Nase den Boden bzw. deine Matte berührst. Drücke deinen Körper wieder nach oben. Arme leicht gebeugt lassen und ein Hohlkreuz vermeiden.

Tipp Einfacher: auf Knien. Schwerer: mit Rucksack. Kreise und bewege deine Handgelenke vor der Übung.

Side Plank (seitl. Unterarmstütz)

20 bis 30 Sekunden halten, 2 bis 4 Sätze je Seite

seitliche Bauchmuskeln, Adduktoren

Lege dich auf die Seite auf den Boden und stütze dich mit einem Unterarm ab. Dein Oberarm (des abstützenden Armes) befindet sich dabei senkrecht unter deiner Schulter. Dein unteres Bein liegt auf dem Boden, das andere liegt darauf. Dein freier Arm liegt auf dem Oberschenkel. Dein Kopf bleibt gerade und in Verlängerung der Wirbelsäule. Spanne deinen Körper an und hebe dein Becken an. Gleichzeitig führst du deinen freien Arm und dein oberes Bein nach oben. Halte diese Position (wenn möglich) für bis zu 30 Sekunden. Arme und Beine bleiben dabei senkrecht zum Boden. Übung auf der anderen Seite wiederholen.

Tipp

Du kannst dir die Übung während des „Haltens" etwas erleichtern, indem du das am Boden liegende Knie leicht anwinkelst.

Latziehen (mit Handtuch)

12 Wiederholungen, 3 Sätze

Schulter/Rücken (Deltamuskel/Trapezmuskel)

Rolle ein kleines Handtuch ein und greife es so, dass deine Hände etwa schulterweit voneinander entfernt sind. Führe das Handtuch über deinen Kopf. Dein Blick geht geradeaus und deine Position ist aufrecht sitzend. Ziehe das Handtuch mit deinen Händen kräftig auseinander. Gleichzeitig führst du das Handtuch hinter deinen Kopf in den Nacken. Bei korrekter Ausführung spürst du die Spannung in Schulter und im oberen Rücken (Schulterblätter). Halte die Spannung im Handtuch und führe das Handtuch wieder nach oben über deinen Kopf. Wiederhole die Durchführung.

Superman (Rückenstrecker)

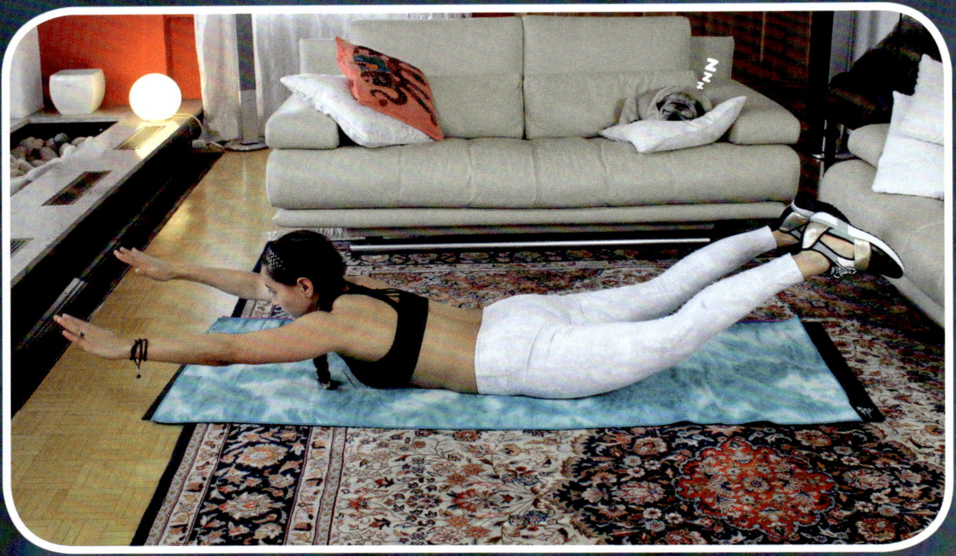

20 bis 30 Sekunden halten, 2 bis 4 Sätze

Rückenstrecker, Po

Lege dich auf deinen Bauch flach auf deine Fitnessmatte. Strecke deine Arme und Beine nach vorne/hinten gerade aus. Hebe gleichzeitig deine Beine und deine Arme (immer möglichst gestreckt) an und halte die Position über dem Boden für mehrere Sekunden. Du kannst die Arme und Beine während dem „Halten“ auch leicht auf und ab bewegen oder mit den Armen die Schwimmbewegung machen.

Tipp Variation: Statt die Arme auszustrecken, kannst du die Arme auch im Genick verschränken oder an die Schläfen halten.

Kickback (Trizeps)

12 Wiederholungen je Seite, 2 bis 4 Sätze

Trizeps

Zur Durchführung benötigst du eine Kurzhantel (als Alternative eignet sind auch eine volle Sprudelflasche). Deine Füße sind etwa hüftbreit voneinander entfernt und im Stemmschritt versetzt. Das hintere Bein befindet sich auf der gleichen Seite wie die Kurzhantel oder die Wasserflasche. Die Knie werden leicht gebeugt. Beuge dich nach vorne und stütze dich mit der freien Hand auf deinem Oberschenkel ab. Der Oberarm mit dem Gewicht hältst du in etwa parallel zum Boden und nach an deinem Körper. Der Unterarm hängt vertikal nach unten. Strecke deinen Arm jetzt bis nach hinten aus und wiederhole die Übung direkt wieder.

Tipp

Falls du keine Kurzhantel mit etwas mehr Gewicht hast, kannst du deine Wasserflasche zum Beispiel auch mit Sand füllen. Kurzhanteln mit kleinen Gewichten gibt es aber auch günstig. Siehe **nächste Seite ▸**

Cool-Down

Wiederhole nach deinem Workout noch mal ein paar der Warm-Up Dehnübungen und genieße die **Ruhe**. Lege dich auf deine Matte, lausche der Musik und schließe einfach ein paar Minuten die Augen. Spüre wie sich dein Puls wieder verlangsamt und sei stolz auf deine absolvierte Einheit. Jetzt kannst du zum Beispiel auch über deine anstehende nächste Mahlzeit nachdenken.

Empfehlungen

Folgende Produkte machen zum Trainieren zu Hause durchaus Sinn und erleichtern dir das Workout. Schaue dich einfach mal im Laden oder auch online um oder frage deine Freunde und Bekannten nach Empfehlungen.

Kurzhantel-Set

Ein Kurzhantel-Set mit kleinen auswechselbaren Gewichten bekommst du schon für kleines Geld und allemal billiger als ein Monatsbeitrag im Fitness-Center.

Preis: *ca. 15-30 Euro*

Fitness-/Yoga-Matte

Komfortabler als jeder Boden oder Teppich und schonend für deinen Rücken während deiner Übungen. Eine Matte für dein Home-Training gibt's super günstig.

Preis: *ab ca. 15 Euro*

Training vor oder nach dem Essen?

Eine wichtige Frage mit einer klaren Antwort: Eine große Mahlzeit gibt es **NACH** dem Workout. **Grundsätzlich empfehle ich dir immer nach dem Training zu essen**. Mit vollem Magen trainiert es sich nicht gut - außerdem verwendet dein Körper Energie für die Verdauung, welche du aber für dein Training benötigst. Der Vorteil an der Mahlzeit nach dem Sport: Jetzt sind sogar ein paar Kohlenhydrate erlaubt um deine Glukosespeicher wieder zu füllen. Das ist gleichzeitig der beste Zeitpunkt für Kohlenhydrate in deiner Ernährung. Am besten setzt du hier auf gesunde und langkettige Carbs wie Vollkorn oder Dinkel. Zusammen mit einer ordentlichen Portion Eiweiß sorgst du für die perfekte Voraussetzung zum Schutz deiner Muskelmasse.

Training früh am Morgen und vor dem Frühstück: Wenn du als Frühaufsteher gerne vor dem Frühstück (oder ohne Frühstück vor dem Mittagessen) auf nüchternen Magen trainierst, empfehle ich dir zum Beispiel ein Whey-Shake (eine Portion = ca. 30g Whey) zum Muskelschutz kurz **VOR** deinem Training. Das Whey-Protein wird super schnell vom Körper aufgenommen und versorgt so deine Muskeln bei einem frühen und nüchternen Workout.

Haftungshinweis

Haftungshinweis: Die hier beschriebenen Übungsbeispiele sind mit größter Sorgfalt und bestem Wissen erarbeitet worden. Dennoch erfolgen alle Angaben ohne Gewähr. Der Buchautor und Mitarbeiter können für eventuelle Nachteile oder Schäden, die sich aus den praktischen Übungs-Hinweisen ergeben, keine Haftung übernehmen. Auf eine Einweisung durch einen Fitness-Experten wurde hingewiesen.

Rezepteverzeichnis

Kalorienangaben immer pro 1 Portion.

Kalorienangaben immer pro 1 Portion.

Generelle Informationen und Hinweise

Nährwerte der Rezepte

Die von uns berechneten Nährwerte für ein Rezept beziehen sich auf die speziellen und für dieses Rezept verwendeten Marken-Lebensmitteln. Beim Nachkochen und Nachrechnen der Gerichte kann es mit verwendeten Lebensmitteln weiterer Hersteller zu Abweichungen kommen. Des Weiteren kann es vorkommen, dass dir beim Kochen Kleinigkeiten übrig bleiben. Zusätzlich können wegen der passenden Nährwerte der Rezepte nicht immer volle Lebensmittel (zum Beispiel ein halber Mozzarella) verwendet werden. Versuche mit der Tausch-Regel (siehe ▸ Seite 40) die Reste sinnvoll in weiteren Rezepten zu verwenden und **vermeide so das Entsorgen von wertvollen Lebensmitteln**:

Sinnvolles Ersetzen ▸ weniger Müll

Es muss nicht jedes Gericht 1:1 wie im Rezept beschrieben umgesetzt werden. Du darfst jedes Gericht **nach deinen Vorlieben variieren** oder auch nicht so beliebte Zutaten weglassen. Bitte schaue vor einem Einkauf gründlich in deinen Kühlschrank und nimm dir etwas Zeit und **plane deinen Einkauf sorgfältig**. Du kannst auch bereits hier anfangen sinnvoll Reste zu verwerten. Gemüse kann meistens querbeet ersetzt werden. In den Rezepten stehen zum Beispiel oft verschiedene Käsesorten. Diese kannst du zum „Sparen“ auch gerne gegenseitig kombinieren und ersetzen. Nur weil im einen Rezept „geriebener Gouda“ und im nächsten „geriebener Emmentaler“ steht, musst du nicht gleich 2 Packungen kaufen. Du kannst auch einfach Emmentaler anstatt Gouda im anderen Rezept verwenden und/oder umgekehrt. So werden Lebensmittel gespart und nicht sinnlos weggeworfen.

Schwanger, Allergie & Unverträglichkeit

Bitte aufmerksam lesen: Im Falle einer Schwangerschaft, chronischen Krankheiten und/oder Allergien sowie Lebensmittelunverträglichkeiten solltest du unbedingt einen Arzt konsultieren und dich beraten lassen. Dieses Buch ersetzt keine ärztliche Beratung. Erkundige dich bevor du mit deiner Umstellung beginnst. In Schwangerschaften ist ein Kaloriendefizit nicht zu empfehlen.

Haftung & rechtliche Hinweise

Die Inhalte dieses Ernährungsplanes wurden vom Autor nach bestem Wissen und Gewissen erstellt und mit größtmöglicher Sorgfalt zusammengetragen. Dieses Buch ist kein Anstoß eine Ernährung komplett frei von Kohlenhydraten zu führen. Der Autor kann für eventuelle Nachteile oder Schäden, welche aus den in diesem Plan zur Verfügung gestellten Rezepten und Informationen resultieren, keine Haftung übernehmen. Der Autor übernimmt des Weiteren keinerlei Gewähr für die Aktualität, Korrektheit, Vollständigkeit oder Qualität der bereitgestellten Informationen. Haftungsansprüche gegen den Autor, welche sich auf Schäden materieller oder ideeller Art beziehen, die durch die Nutzung oder Nichtnutzung der dargebotenen Informationen bzw. durch die Nutzung fehlerhafter und unvollständiger Informationen verursacht wurden, sind grundsätzlich ausgeschlossen, sofern seitens des Autors kein nachweislich vorsätzliches oder grob fahrlässiges Verschulden vorliegt. Alle Angebote sind freibleibend und unverbindlich. Der Autor behält es sich ausdrücklich vor, Teile oder Seiten oder das gesamte Angebot ohne gesonderte Ankündigung zu verändern, zu ergänzen, zu löschen oder die Veröffentlichung zeitweise oder endgültig einzustellen. Des Weiteren übernehmen der Autor und die EoK GmbH keine Haftung für etwaige Schäden, die sich aus dem Gebrauch der von uns veröffentlichten Informationen ergeben könnten. Die Inhalte, Ratschläge und Rezepte dienen nicht als medizinische Beratung. Sie ersetzen nicht eine ärztliche Untersuchung, Behandlung oder die Anweisung eines Arztes oder Therapeuten und sind nicht Teil einer Ernährungsberatung oder eines Ernährungsplanes. Reines Nachkochen unserer Low-Carb Rezepte führt nicht zwangsläufig zur Gewichtsabnahme.

Weitere Kochbücher

In 20 Minuten zubereitet - Auch vegan und vegetarisch

60 Rezepte, 144 Seiten
Größe: 19,8 x 1,7 x 24 cm
Verlag: Goldmann Verlag
ISBN-13: 978-3-442-17761-5
Preis: €12,99

23. Juli 2018

60 neue köstliche Low-Carb-Rezepte - Der Food-Bestseller

60 Rezepte, 160 Seiten
Größe: 19,8 x 1,7 x 24 cm
Verlag: Goldmann Verlag
ISBN-13: 978-3-442-17668-7
Preis: €12,99

20. März 2017

55 köstliche Low-Carb-Rezepte - Schnell und einfach

55 Rezepte, 128 Seiten
Größe: 19,8 x 1,7 x 24 cm
Verlag: Goldmann Verlag
ISBN-13: 978-3-442-17660-1
Preis: €12,99

18. Juli 2016

Impressum

Ein Angebot von ESSEN OHNE KOHLENHYDRATE
EoK GmbH, Leitzstraße 4c, 70469 Stuttgart, Telefon +49 (0)711 896659360,
E-Mail: buch@essen-ohne-kohlenhydrate.info

Gesetzlich vertreten durch den Geschäftsführer Alexander Grimme,
USt-ID: DE 222612983, Registernummer: HRB 225692 / Amtsgericht Stuttgart
Verantwortlich für den Inhalt i.S.d. § 55 Abs. 2 RStV:
Alexander Grimme, EoK GmbH, Leitzstraße 4c, 70469 Stuttgart, Telefon +49 (0)711 896659360, E-Mail: buch@essen-ohne-kohlenhydrate.info

Redaktion Britta Birkle, Laura Lengger, Alexander Grimme
Layout Alexander Grimme
Fotografen Alexander Grimme, Lina Weymann
Fitness-Modell Anne-Christin Grimme, Napoleon

2. Auflage (September 2020) • **ISBN** 978-3-9820793-1-8

Haftungshinweis Das vorliegende Buch ist mit größter Sorgfalt und bestem Wissen erarbeitet worden. Dennoch erfolgen alle Angaben ohne Gewähr. Der Autor und Mitarbeiter können für eventuelle Nachteile oder Schäden, die sich aus den Inhalten ergeben, keine Haftung übernehmen.

Bildnachweise Green photo created by freepik, Woman photo created by freepik, People photo created by freepik, Food photo created by freepik, Logo vector created by freepik, House photo created by freepik, Background photo created by freepik, Background photo created by onlyyouqj, Food photo created by valeria_aksakova, Frame photo created by valeria_aksakova, Background photo created by valeria_aksakova, Background photo created by jannoon028, Watercolor vector created by 0melapics, Background vector created by dooder, Background photo created by asier_relampagoestudio, Background vector created by vectorpouch, Background photo created by yanalya, Music photo created by katemangostar, People photo created by jcomp, Food photo created by freepic.diller, People photo created by freepic.diller, Food photo created by jcomp, Poster vector created by macrovector, Food photo created by topntp26, Business vector created by freepik, Logo vector created by roserodionova, Food photo created by azerbaijan_stockers - **www.freepik.com**